本书获得2016年度高校示范马克思主义学院和优秀教学科研团队项目（重点选题）"思想政治理论课专题式教学设计与研究"（项目批准号：16JDSZK012）资助。

思想政治理论课教学改革丛书

思想政治理论课"三位一体"教学模式

石红梅 等 著

厦门大学出版社 国家一级出版社
XIAMEN UNIVERSITY PRESS 全国百佳图书出版单位

图书在版编目(CIP)数据

思想政治理论课"三位一体"教学模式 / 石红梅等著. -- 厦门：厦门大学出版社，2024.2
（思想政治理论课教学改革丛书）
ISBN 978-7-5615-9175-8

Ⅰ. ①思… Ⅱ. ①石… Ⅲ. ①高等学校-思想政治教育-教学研究-中国 Ⅳ. ①G641

中国国家版本馆CIP数据核字(2023)第221491号

责任编辑　高　健
美术编辑　李嘉彬
技术编辑　朱　楷

出版发行　厦门大学出版社
社　　址　厦门市软件园二期望海路39号
邮政编码　361008
总　　机　0592-2181111　0592-2181406(传真)
营销中心　0592-2184458　0592-2181365
网　　址　http://www.xmupress.com
邮　　箱　xmup@xmupress.com
印　　刷　厦门市金凯龙包装科技有限公司

开本　720 mm×1 000mm　1/16
印张　13.25
插页　2
字数　216 千字
版次　2024 年 2 月第 1 版
印次　2024 年 2 月第 1 次印刷
定价　66.00 元

本书如有印装质量问题请直接寄承印厂调换

厦门大学出版社
微信二维码

厦门大学出版社
微博二维码

序

自踏上工作岗位以来,我就一直从事思想政治理论教学工作,是一名光荣的思想政治理论课老师。思想政治理论课教人真善美,教人树立马克思主义的立场、观点和方法,是教学生立大志、明大德、成大才、担大任,努力成为堪当民族复兴重任的时代新人的课程。习近平总书记指出,"思政课是落实立德树人根本任务的关键课程,思政课作用不可替代,思政课教师队伍责任重大"。[①]习近平总书记的讲话对新时代思想政治理论课建设提出了明确要求,为高校履行为党育人、为国育才的使命提供了根本遵循。

长时间以来,思政课教师都在认真地思考,怎么上好"思想政治理论课"?怎么进一步增强思想政治理论课的吸引力、感染力和影响力,使思想政治理论课成为大学生真心喜欢、终身受益的课程?为此,厦门大学于2014年开启了思想政治理论课"三位一体"教学模式的创新性探索,在时任马克思主义学院院长白锡能教授的带领下,我有幸成为这次教学改革的设计者和亲历者。本书就是把这些年的一些探索记录下来,以期为更多的思想政治理论课教师进行教学改革提供参考。

思想政治理论课"三位一体"教学模式是把原来单纯的课堂主讲教学拓展成为教学的三个部分:课堂教学、网络教学、实践教学。其中,课堂教学实行专题化和问题导向式的教学模式,重在对课程内容的重点难点问题、学科前沿和学生关注的热点疑点问题进行深度讲解与分

---

① 习近平.思政课是落实立德树人根本任务的关键课程[J].求是,2020(17).

析引导；网络教学则开通网络教学平台，帮助学生完成思想政治理论课知识性内容的学习，开展教与学的网上互动；实践教学则重在组织和引导学生走出校门、深入社会，开展深入的调查研究，加深对教材内容的理解和认同，实现思想政治理论课知识体系向信仰体系转化。2014年思想政治理论课"三位一体"教学改革率先在"毛泽东思想和中国特色社会主义理论体系概论"课程试点。2015—2016学年秋季学期起，当时的"马克思主义基本原理概论""中国近现代史纲要""思想道德修养与法律基础"等三门思想政治理论课程全部实行了"课堂教学（专题教学）＋网络教学＋实践教学"的"三位一体"教学模式。

专题教学强调问题导向。每学期初，思想政治理论课教师通过网络征集、课上调查等方式了解学生关注的热点、难点问题。在深入剖析教材的基础上，结合老师们"必讲"和学生们"想听"的问题，经过分析提炼，形成既有针对性又系统化的教学专题。以问题为导向，发现问题、解决问题、升华问题是专题教学的要义。网络教学注重学生独立自主学习。在国内高校中，厦门大学马克思主义学院最早实施实践教学，早在2012年，厦门大学马克思主义学院成立不久就推出了思想政治理论课实践教学改革，将实践教学覆盖到四门本科生思想政治理论课，全校本科生都参与了实践教学。2014年，又将思想政治理论课实践教学从春季和秋季长学期延伸到短学期和暑期，并形成了"问题导向课题研究式的实践教学"模式。为了更好地组织领导和协调推进思想政治理论课实践教学工作，学校专门成立了思想政治理论课实践教学工作领导小组和实践教学中心。这些年来，在厦门大学党政领导班子的全面领导下，马克思主义学院不断完善思想政治理论课"三位一体"教学改革，深化问题导向式专题教学，提升网络教学效果，构建网络教学、课堂教学和实践教学联动互促的教育教学机制，着力推进教研互促互长，增强教学团队的教研能力，成效显著。"三位一体"思想政治理论课教学让学生有获得感。修课学生高度认可思想政治理论课教师的教学态度和责任感，对"三位一体"的教学改革普遍持肯定态度。

自2014年我和我的团队提出并实行思想政治理论课"三位一体"教学模式至今已经快十年了。十年栉风沐雨,十年春华秋实。本书就是在近十年改革探索的基础上写成的,其中积聚了各级领导和社会各界的关心关怀,汇集了学校全体思想政治理论课教师的辛勤付出与心血。思想政治理论课"三位一体"教学模式施行以来得到厦门大学党政领导和各部门的大力支持,在此期间,厦门大学每年都会召开思想政治理论课建设工作会议,及时解决教学改革中碰到的问题,召开思想政治理论课优秀实践教学成果和指导教师表彰会,鼓励全体师生走进社会大课堂。学校坚持一流标准,强化目标导向,在增强思想政治理论课的思想性、理论性、亲和力和针对性上下功夫,推出一批学生真心喜爱、终身受益的思政"金课";马克思主义学院也致力培养一批有情怀有担当有影响力的优秀思想政治理论课教学名师,为社会培养一批担当有为的人才培养队伍。面向未来,思想政治理论课建设任重道远,如何在原有教学改革的基础上守正创新,针对新的时代要求创新教学模式、提升教学效果,仍然需要持续不断探索,期待我们有更好的教学改革成果面世。

目 录

第一章 思想政治理论课的发展历程及面临的主要问题 ·············· 1

  第一节 思想政治理论课发展的历史和现状 ························ 2
    一、创立建构阶段：课程体系初步建立 ······················· 2
    二、曲折发展阶段：教育教学遭到冲击 ······················· 4
    三、改革探索阶段：教学体系的调整与形成 ··················· 5
    四、深化创新阶段：教学体系的发展与完善 ··················· 8

  第二节 思想政治理论课当前面临的主要问题 ······················ 11
    一、教学内容枯燥，时代感不强 ····························· 12
    二、教学方法单一，吸引力不足 ····························· 15
    三、教学实效性不明显，针对性不强 ························· 17
    四、教师亲和力不够，互动性不高 ··························· 19

  第三节 思想政治理论课建设的重要意义 ·························· 21
    一、落实立德树人根本任务 ································· 21
    二、确保党的各项要求在教育领域落实落细 ··················· 23
    三、打牢学生成长成才的思想基础 ··························· 24
    四、培养堪当民族复兴大任的时代新人 ······················· 25

第二章 "三位一体"教学模式的思路 ······························ 27

  第一节 "三位一体"教学模式的总思路 ···························· 28
    一、专题教学是"三位一体"教学体系的核心 ··················· 29

二、网络教学是专题教学的前提 …………………………………… 30
　　三、实践教学是专题教学的延伸 …………………………………… 31
第二节　以问题为导向，做深专题教学 ………………………………… 33
　　一、专题教学是推动思想政治理论课教学内涵式发展的必然要求 … 33
　　二、目前思想政治理论课专题教学存在的主要问题 ……………… 35
　　三、做深专题教学，增强思想政治理论课教学的说服力 ………… 37
第三节　注重新技术应用，做新网络教学 ……………………………… 40
　　一、开展网络教学是思想政治理论课发展的时代要求 …………… 41
　　二、当前思想政治理论课网络教学存在的问题 …………………… 43
　　三、做新网络课程，发挥新技术平台的重要作用 ………………… 45
第四节　强化认同教育，做实实践教学 ………………………………… 48
　　一、开展实践育人有利于提高思想政治理论课教学的实效性 …… 48
　　二、做好思想政治理论课实践育人工作必须认识的几个问题 …… 50
　　三、做强实践育人，培养创新人才 ………………………………… 52
第五节　改革教学管理，做优教学服务 ………………………………… 57
　　一、改革教学管理体制，形成"横纵联动"运行机制 …………… 58
　　二、创新教学组织模式，组建"专题式"教学团队 ……………… 59
　　三、完善教师考评机制，强化教学质量重要导向 ………………… 59
　　四、扩大教师队伍规模，提升教师队伍综合素质 ………………… 60

第三章　专题教学的具体设计 …………………………………………… 63
第一节　专题化教学的核心要义 ………………………………………… 64
　　一、教学理念——因事而化 ………………………………………… 64
　　二、专题内容——因时而进 ………………………………………… 65

第二节　专题教学指南 ········· 65
一、专题教学工作职责 ········· 66
二、专题教学要求 ········· 67
三、专题教学环节 ········· 68
四、课程考核评价 ········· 70
五、课程成绩计算规则 ········· 70
六、其他注意事项 ········· 70

第三节　各门课程的具体安排 ········· 71
一、"毛泽东思想和中国特色社会主义理论体系概论"专题教学安排 ········· 71
二、"中国近现代史纲要"专题教学安排 ········· 73
三、"思想道德与法治"专题教学安排 ········· 74
四、"马克思主义基本原理"专题教学安排 ········· 75

第四节　专题教学的辅助性措施 ········· 78

第四章　网络教学的具体设计 ········· 81

第一节　网络教学的核心要义 ········· 82
一、自主学习——掌握知识 ········· 82
二、探索未知——因需施教 ········· 83

第二节　网络教学平台的总体设计与应用 ········· 84
一、网络教学综合平台功能介绍 ········· 84
二、网络教学综合平台的应用 ········· 86

第三节　网络教学的要求 ········· 87
一、网络教学顺利实施的要求 ········· 87
二、网络教学规范的补充要求 ········· 90

第五章 实践教学的具体设计 92
第一节 实践教学的核心要义 92
一、问题导向——产学研结合 92
二、多维协同——大思政育人 95
第二节 实践教学指南 98
一、实践教学总体原则 99
二、实践教学中心的工作职责 99
三、实践教学主要形式 100
四、课题式社会调查报告的具体要求 102
五、实践教学评奖评价 103
六、其他注意事项 104
第三节 四门课程长学期实践教学具体安排 105
一、"毛泽东思想和中国特色社会主义理论体系概论"
　　实践教学安排 105
二、"中国近现代史纲要"实践教学安排 107
三、"思想道德与法治"实践教学安排 109
四、"马克思主义基本原理"实践教学安排 111
第四节 短学期和暑期实践教学概况 112
一、"社会调查方法论"课程教学概况 113
二、短学期和暑期实践教学环节 115
三、短学期和暑期实践教学概况 116
第五节 推进实践教学的成效 126
一、强化实践教学，建设"三位一体"思想政治理论课教学模式 126

二、创新实践教学，构建思想政治理论课实践教学体系 ……………… 135
三、做"活"实践教学，建立思想政治理论课实践教学保障机制 ……… 139

第六章 "三位一体"教学模式改革的评价与展望 …………………… 142

第一节 "三位一体"教学模式的亮点 …………………………… 143
一、注重专题讲授"深""透""活" ……………………………… 143
二、培育自主探索式学习"新高地" ……………………………… 145
三、形成团队教学"聚力场" ……………………………………… 147
四、创新"问题导向，多维协同"的思想政治理论课实践教学模式 …… 149

第二节 "三位一体"教学模式改革的总体成效 ………………… 150
一、建立了"专题、网络和实践"三位一体的教学体系 ………… 151
二、思想政治理论课教师研教及社会服务能力增强 ……………… 153
三、思想政治理论课"三全育人"效果显著提升 ………………… 155
四、思想政治理论课"三位一体"教学经验推进推广 …………… 157

第三节 教学改革中存在的问题与不足 …………………………… 160
一、专题教学的问题与不足 ………………………………………… 160
二、网络教学的问题与不足 ………………………………………… 163
三、实践教学的问题与不足 ………………………………………… 166

第四节 对策建议与未来展望 ……………………………………… 169
一、专题教学的对策建议 …………………………………………… 169
二、网络教学的对策建议 …………………………………………… 174
三、实践教学的对策建议 …………………………………………… 178
四、"三位一体"教学模式未来建设的思考和展望 ……………… 180

附录1　厦门大学思想政治理论课实践报告写作要求与规范 ………… 185

附录2　厦门大学思想政治理论课长学期实践教学基本流程 ………… 191

参考文献 ……………………………………………………………………… 192

后　　记 ……………………………………………………………………… 199

第一章　思想政治理论课的发展历程及面临的主要问题

　　思想政治理论课是高校落实立德树人根本任务的主渠道，办好思政课是巩固马克思主义在高校意识形态领域的指导地位、坚持社会主义办学方向、全面贯彻落实党的教育方针、培养中国特色社会主义事业合格建设者和可靠接班人的重要途径。中国共产党始终将办好思想政治理论课作为发展教育事业的重要任务、作为人才培养的主要渠道，积极应对高校思想政治理论课面临的问题和挑战。多年来，党和国家领导人、各级领导都高度关心并支持思想政治理论课程的建设，将思想政治理论课的建设贯穿于教育教学全过程。在党中央，各级党委、政府以及各地高校的共同努力之下，高校思想政治理论课经历了从初创到发展壮大的历程，取得了巨大的成绩，积累了丰富的经验。在数十年的发展历程中，高校思想政治理论课的教学内容更富理论味、时代感，教学方法与手段更趋多元，教材体系日渐完善，思想政治理论课的良好发展态势已然成为高校思想政治工作的鲜亮名片。新时代党和国家对高校思想政治理论课建设提出了新的更高的要求，习近平总书记特别关心办好思想政治理论课这件事。思想政治理论课作为落实立德树人根本任务的关键课程责任重大，党和国家对这门课寄予厚望。但必须看到，我国高校思想政治理论课建设效果离党和人民的期待还有很大的距离，课程建设还存在较大的发展空间，在教育理念、教学内容、教学方法、教学效果、师资培养、教材编写等方面都存在诸多挑战，亟待我们在未来的工作中加以解决。

第一节　思想政治理论课发展的历史和现状

中国共产党历来高度重视思想政治理论课建设，在革命、建设、改革各个历史时期都围绕思想政治理论课发展方案作出过重要部署。在新民主主义革命时期，中国共产党高度重视创办培训学校、高等学校，并注重在学校中开展马克思主义基本理论与方法的学习、宣传和教育工作。这一时期，党在红军大学、苏维埃大学、抗日军政大学、陕北公学等高校开设了"党的建设""中国革命运动史""马列主义""辩证唯物主义""科学社会主义"等课程，在列宁小学开设"社会工作"课程，在解放区的小学、陕甘宁边区的中学开设"政治常识"课程，并在思想政治理论课中融入了"惩前毖后、治病救人""批评和自我批评"的教育理念以及"理论宣讲""思想灌输"等工作方法，很好地将马克思主义理论、马克思主义中国化最新成果向社会各界推广。这些课程的开设对于提高军民的思想理论水平、坚定理想信念起到了重要作用，为新中国成立后的思想政治课的发展奠定了坚实基础。

新中国成立70多年来，高校思想政治理论课经历了创立、发展、改革和完善的过程。思想政治理论课的课程体系不断丰富，教学平台快速拓展，教学方法持续完善，师资队伍水平显著提升。从教学模式来看，高校思想政治理论课经历了从初期的注重理论灌输、课堂讲授到逐步构建起更为系统和立体的教学体系的过程，具体可以分为创立建构阶段、曲折发展阶段、改革探索阶段和深化创新阶段。

一、创立建构阶段：课程体系初步建立

1949—1956年，是高校思想政治理论课的创立建构阶段。在这一时期里，高校思想政治理论课课程体系初步形成。1949年10月8日，华北人民政府发布了《华北专科以上学校一九四九年度公共必修课过渡时期实施暂行办

法》,规定:高校必须开设"辩证唯物论与历史唯物论""新民主主义论",并要求在文、法、教育学院毕业班开设"政治经济学"。这是新中国成立以来最早的高校思想政治理论课设置模式。1950年,政务院第43次政务会议通过了《教育部关于实施高等学校课程改革的决定》,提出:"全国高等学校……废除政治上的反动课程,开设新民主主义的革命的政治课程。"①文件明确了这一时期思想政治理论课的性质、目标与任务,为高校思想政治理论课的初步建设指明了方向。1952年10月,《教育部关于全国高等学校马克思列宁主义、毛泽东思想课程的指示》发布,对全国高等学校马克思列宁主义、毛泽东思想课程的开设作出规定,其中要求各类型高等学校及专修科(一年的专修科除外)准备自1953年度起开设"马列主义基础",学习时数与"政治经济学"相同。"新民主主义论""政治经济学""辩证唯物论与历史唯物论"各为一学年的课程,在讲授"新民主主义论"前两周或三周应增加关于"新民主主义论教学目的"的学习,以端正学生的学习态度。②伴随着"三大改造"的推进,教育部对思想政治理论课的课程体系进行了一系列调整。1956年9月9日,《高等教育部关于高等学校政治理论课程的规定(试行方案)》颁布,对政治理论课程作出规定,明确了各系科开设的门数和学时、顺序、讲授与课堂讨论的学时比例、考试与考查、专科学校和高等学校的专修科的政治理论课等内容,并对"马列主义基础""中国革命史""政治经济学""辩证唯物主义与历史唯物主义"四门课程的开设情况作出相应部署。自此,高校思想政治理论课程体系基本确立。

这一时期,高校思想政治理论课建设处于初步探索课程体系的阶段。课程设置、教材编写、教学方法改革等各项工作均处于不断调整的过程之中,因此尚未形成稳定的、系统的高校思想政治理论课教育教学体系。在内容上,思想政治理论课的教学内容聚焦于马克思主义基本原理、马克思主义中国化的重要成果和中国共产党党史,注重对学生的理论灌输和思想引导;在教材上,相关内容的设置与编写方法着重参考了苏联的基本做法,尚未真正编写

---

① 中华人民共和国学校思想政治理论课重要文献选编:上册[M].北京:人民出版社,2022:68.

② 中华人民共和国学校思想政治理论课重要文献选编:上册[M].北京:人民出版社,2022:165.

出适合中国情况的教材体系；在教学形式上，思想政治理论课以课堂讲授为主，社会实践活动暂未列入学校的正规课程体系之中，且社会实践活动以生产劳动为主，形式较为单一。

二、曲折发展阶段：教育教学遭到冲击

1957—1977年这二十年是高校思想政治理论课曲折发展阶段。这一时期，高校思想政治理论课发展方向甚至指导方针都发生了改变。1957年，毛泽东《关于正确处理人民内部矛盾的问题》一文发表之后，人民内部矛盾问题成为社会各界关注的焦点，高校思想政治理论课程的发展方向也发生改变。1957年12月10日，高等教育部、教育部联合下发了《关于在全国高等学校开设社会主义教育课程的指示》，规定在全国范围内的高等学校都要开设"社会主义教育"这门课程，且全体学生必须参加学习；全体高校学生要以《关于正确处理人民内部矛盾的问题》为中心教材，同时要阅读必要的马列主义经典著作、党的文件和其他文件。"各班级在学习社会主义教育课程期间，原应开的四门政治课一律停开。"① 高校思想政治理论课程呈现出鲜明的"政治化"倾向。

1966—1976年，受国内外形势估计偏失和阶级斗争扩大化的影响，特别是受"以阶级斗争为纲"的"左"的错误指导思想的影响，我国社会主义建设事业遭遇挫折，高校思想政治理论课建设几经波折，屡受冲击。在"文化大革命"期间，高等教育事业和高校思想政治理论课遭到严重的冲击、干扰和破坏。1972年，受到"四人帮"的影响，高校思想政治理论课的功能被扭曲，育人功能受到严重干扰和破坏。

这一时期，高校思想政治课的实践性有所增强，在课程中开展了生产劳动教育。1958年9月，党中央对高等教育发展提出新要求，号召"每个学生必须依照规定参加一定时间的劳动"。② 1970年5月，《北京大学、清华大学

---

① 教育部社会科学司.普通高校思想政治理论课文献选编（1949—2008）[M].北京：中国人民大学出版社，2008：32.
② 教育部社会科学司.普通高校思想政治理论课文献选编（1949—2008）[M].北京：中国人民大学出版社，2008：38.

招生(试点)具体意见(修改稿)》提出,要重视培养有实践经验的劳动者,"实行教学、科研、生产三结合的业务课;以备战为内容的军事体育课。文、理、工各科都要参加生产劳动"。[①] 这一规定提出要"贯彻党的阶级路线",体现出当时的时代特征。在党中央的持续号召下,高校思想政治理论课更加注重教育和劳动实践的结合,进一步提升了高校学生将理论知识运用到社会主义建设中的能力。

三、改革探索阶段:教学体系的调整与形成

1978—2012年,是高校思想政治理论课的改革探索阶段。这一时期的高校思想政治理论课建设不断适应改革开放的时代要求,课程体系、教材建设、教学内容、教学方式都发生了深刻的变革。在中国共产党的领导下,教育部门、高校均高度重视教学形式和方法的改革,更加重视构建系统立体的教学体系。

面对高校思想政治理论课发展受到重创的局面,为了促进高校思想政治理论课发展,教育部办公厅在1978年4月颁布了《关于加强高等学校马列主义理论教育的意见》(全国教育工作会议征求意见稿),对马克思主义理论课的地位作用、目标任务、课程体系、教学方法、教师队伍、领导体制等问题做了明确规定,并决定在高校开设"辩证唯物主义与历史唯物主义""政治经济学""中共党史""国际共产主义运动史"四门本科思想政治理论课。其中,"国际共产主义运动史"是首次开设的思想政治理论课程,后来调整发展为"当代世界政治与经济"。该文件提出,思想政治理论课教学方法面临三个主要问题:第一,理论联系实际问题,思想政治理论课较少联系经济社会发展实际来讲授理论;第二,教学环节的问题,应通过课堂讲授、小组讨论、考试考查等多种形式引导学生思考;第三,评定学习成绩方面要推动考试考查与学生政治表现小组鉴定等方式相结合。《关于加强高等学校马列主义理论教育的意见》着重讨论了课堂教学的基本情况与主要问题,并指出要逐步丰富课堂教学的具体形式。

---

① 教育部社会科学司.普通高校思想政治理论课文献选编(1949—2008)[M].北京:中国人民大学出版社,2008:55.

1985年8月1日，党中央颁发了《中共中央关于改革学校思想品德和政治理论课程教学的通知》，形成了"85方案"。这一方案明确提出了思想品德课和政治理论课的"两课"概念，指明了高校思想政治理论课改革的关键是坚决贯彻执行理论联系实际的方针，并要注重"两课"的课程设置、教学内容、教学方法等方面的改革与调整。"85方案"不仅对思想政治理论课程的设置提出了要求，还着重提出了要建立以启发式教学为主要特征的教学方法。"85方案"指出，在高校的"两课"中，本科阶段的教学内容注重"进行马克思主义基本理论的教育""进行中国社会主义建设和改革的理论、政策和实际知识的教育""适时地穿插各种切合学生需要的时事教育、文学艺术教育和课外活动"，而研究生阶段的教学内容要在本科的基础上继续加深，并与专业适当结合起来；在教学方法上，要"改变注入式的教学方法，尽量实行启发式的教学方法"，课堂要摒弃简单灌输抽象概念的方式，以丰富而生动的事实、事例来引导学生不断加强马克思主义理论学习，"精心组织学生进行自由活泼的课堂讨论"，以提升教学效果。《中共中央关于改革学校思想品德和政治理论课程教学的通知》还明确提出了社会实践和社会调查的重要性，必须"积极组织学生参加丰富的切实的社会实践和社会调查"，这是引导学生发现、提出和解决问题的重要途径。[①]

　　1987年3月，《国家教育委员会关于进一步改革高等学校马克思主义理论课（公共课）教学的意见》增加了"中国社会主义建设"课程，并为适应对外开放需要，逐步开设"世界政治经济与国际关系"等具有国际视野、适应新形势发展需要的马克思主义理论课。1987年6月，国家教育委员会、共青团中央颁布了《关于广泛组织高等学校学生参加社会实践活动的意见》，提出除了生产实习和社会实践，"还要把在假期和课外组织学生参加社会实践活动，作为高等教育的一个重要组成部分"，以推动学生接触社会、了解实际、向工农学习，树立为人民服务的思想，培养实事求是、艰苦奋斗、脚踏实地的精神，提高实际工作能力。高校学生参与社会实践活动是培育社会主义建设者的重要途径，具有课堂教学不可替代的价值与作用。高校组织开展的实践活动形式主要包括：到革命老区和改革先进单位参观访问、为群众提供知识咨询服

---

① 教育部社会科学司.普通高校思想政治理论课文献选编（1949—2008）[M].北京：中国人民大学出版社，2008：106-108.

务、为中小学提供短期培训师资、为中小企业和乡镇企业提供科技服务、到经济落后地区智力扶贫,以及参加公益劳动、勤工助学等。各高校要因地制宜,从实际出发,根据不同学科、不同年级的特点,采取不同的内容和方法,提出有针对性的教育方案。总之,要讲求实效,提倡艰苦奋斗、勤俭节约,切忌形式主义。①针对学生普遍关心的国内形势、政策法规、人生理想、道德品质、价值观念、民主、法制等方面的问题,1987年10月,《国家教育委员会关于高等学校思想教育课程建设的意见》出台,规定高校要设置如下五门课程:"形势与政策""法律基础"两门为必修课,"大学生思想修养""人生哲理""职业道德"三门为选修课,可因校制宜有选择地开设。《国家教育委员会关于高等学校思想教育课程建设的意见》对教学形式和方法提出了指导性意见,教学要采取启发式、讨论式。除"形势与政策"必要时可采取大报告的方式进行,一般应分班进行教学,以便更好地结合学生的思想实际,提高教育效果。②

1998年4月,《中共中央宣传部、教育部关于普通高等学校开设〈邓小平理论概论〉课的通知》要求,从1998年秋季开始,普通高校都要以"中国社会主义建设"课程为基础,开设"邓小平理论概论"课,并把"马克思主义原理"中"科学社会主义论"的课程内容和"中国革命史"中的关于1956年以后的课程内容融合到这一课程中统一进行讲授。同年6月,中共中央宣传部、教育部印发了《关于普通高等学校"两课"课程设置的规定及其实施工作的意见》,规定了本科"两课"课程的基本内容为"马克思主义哲学原理""马克思主义政治经济学原理""毛泽东思想概论""邓小平理论概论""当代世界经济与政治""思想道德修养""法律基础""形势与政策"。③

2005年2月7日,中共中央宣传部、教育部颁布了《关于进一步加强和改进高等学校思想政治理论课的意见》,将大学本科思想政治理论课必修课程正式整合为"马克思主义基本原理""毛泽东思想、邓小平理论和'三个代表'

---

① 教育部思想政治工作司.加强和改进大学生思想政治教育重要文献选编(1978—2014)[M].北京:知识产权出版社,2015:79.

② 教育部社会科学司.普通高校思想政治理论课文献选编(1949—2008)[M].北京:中国人民大学出版社,2008:134.

③ 教育部社会科学司.普通高校思想政治理论课文献选编(1949—2008)[M].北京:中国人民大学出版社,2008:184-185.

重要思想概论""中国近现代史纲要""思想道德修养与法律基础"四门课程，同时，开设"形势与政策"课。另外，开设"当代世界经济与政治"等选修课。① 同年12月，《关于调整增设马克思主义理论一级学科及所属二级学科的通知》发布，决定单独设立马克思主义理论一级学科，为思想政治理论课提供学理和学科支撑。自此，高校思想政治理论课程建设的"05方案"形成。

"05方案"全面提出了专题教学、实践教学和网络教学这三种教学方法，并充分肯定了三种教学方法的重要意义、主要目标以及推进相关改革创新的实施方案。方案强调，在专题课程方面，必须发挥教师、学生的积极性、主动性和主体性。提倡启发式、参与式、研究式的教学方法，不断活跃教学气氛、启发学生思考、增强教学效果。在实践课程方面，提出高校思想政治理论课的所有课程都要突出实践导向，丰富实践形式，强化组织管理，加强教学保障，把实践教学和社会调查、志愿服务、公益活动、专业实习等活动紧密结合起来，引导学生积极走出校门、融入社会，探索构建实践育人的长效机制。此外，方案还强调要将网络教学引入思想政治理论课之中，大力推进多媒体和网络技术的广泛应用，推进教学手段现代化②。此后，专题教学、实践教学、网络教学均被纳入高校思想政治理论课教学体系之中，成为教学方法的重要组成部分。

四、深化创新阶段：教学体系的发展与完善

2013年至今，是高校思想政治理论课深化创新阶段。中国特色社会主义进入新时代，高校思想政治理论课建设的主要任务是创新发展，为更好培养担当民族复兴大任的时代新人服务。这一时期，高校思想政治理论课的教学内容、教学方法、教学载体、工作机制持续创新发展。在课程体系方面，高校思想政治理论课课程体系在沿用"05方案"的基础上，根据实际情况增设了"形势与政策"等课程。各个高校都对思想政治理论课教学给予了高度的关

---

① 教育部社会科学司.普通高校思想政治理论课文献选编（1949—2008）[M].北京：中国人民大学出版社，2008：215.

② 李德芳，杨素稳，李辽宁.中国共产党思想政治教育史料选辑：下册[M].武汉：武汉大学出版社，2019：427.

注，通过各种改革创新，不断提升思想政治理论课教学的实效性。

党的十八大以来，马克思主义理论课程建设进入了新阶段。2015年7月，中共中央宣传部、教育部印发的《普通高校思想政治理论课建设体系创新计划》明确指出：思想政治理论课是核心课程，要把思想政治理论课立体化教材体系、教学人才体系、课堂教学体系、第二课堂教学体系、学科支撑体系、科学评价体系、综合保障体系七个方面作为创新建设的重点内容，推进思想政治理论课建设的综合发展。2016年12月，习近平总书记在全国高校思想政治工作会议上指出，高校思想政治工作关系到高校培养什么样的人、如何培养人以及为谁培养人这个根本问题。要坚持把立德树人作为中心环节，把思想政治工作贯穿教育教学全过程。①2017年2月，中共中央、国务院印发《关于加强和改进新形势下高校思想政治工作的意见》，强调指出，高校肩负着人才培养、科学研究、社会服务、文化传承创新、国际交流合作的重要使命。加强和改进高校思想政治工作，事关办什么样的大学、怎样办大学的根本问题，事关党对高校的领导，事关中国特色社会主义事业后继有人，是一项重大的政治任务和战略工程。②同年12月，中共教育部党组颁发《高校思想政治工作质量提升工程实施纲要》，明确提出了课程育人、科研育人、实践育人、文化育人、网络育人、心理育人、管理育人、服务育人、资助育人、组织育人的十大育人体系，把课程育人置于高校思想政治工作质量提升工程之首。

2018年4月，教育部印发《新时代高校思想政治理论课教学工作基本要求》，提出要持续创新高校思想政治理论课教学方法：课堂教学要以学生为主体，丰富教学载体，注重调动学生的积极性和主动性；实践教学要致力于帮助学生巩固课堂学习效果，深化学生对重点难点问题的理解和掌握；网络教学要着力引导学生学习基本知识和理论，发挥网络教学的即时性优势，推动传统教学方式和现代信息技术的融合。

2019年3月18日，习近平总书记主持召开了学校思想政治理论课教师座

---

① 把思想政治工作贯穿教育教学全过程 开创我国高等教育事业发展新局面[N].人民日报，2016-12-09(1)。

② 中共中央 国务院印发《关于加强和改进新形势下高校思想政治工作的意见》[N].人民日报，2017-02-28(1)。

谈会。在座谈会上，习近平总书记强调，推动思想政治理论课改革创新，要不断增强思政课的思想性、理论性和亲和力、针对性。要坚持政治性和学理性相统一，以透彻的学理分析回应学生，以彻底的思想理论说服学生，用真理的强大力量引导学生。要坚持价值性和知识性相统一，寓价值观引导于知识传授之中。要坚持建设性和批判性相统一，传导主流意识形态，直面各种错误观点和思潮。要坚持理论性和实践性相统一，用科学理论培养人，重视思政课的实践性，把思政小课堂同社会大课堂结合起来，教育引导学生立鸿鹄志，做奋斗者。要坚持统一性和多样性相统一，落实教学目标、课程设置、教材使用、教学管理等方面的统一要求，又因地制宜、因时制宜、因材施教。要坚持主导性和主体性相统一，思政课教学离不开教师的主导，同时要加大对学生的认知规律和接受特点的研究，发挥学生主体性作用。要坚持灌输性和启发性相统一，注重启发性教育，引导学生发现问题、分析问题、思考问题，在不断启发中让学生水到渠成得出结论。要坚持显性教育和隐性教育相统一，挖掘其他课程和教学方式中蕴含的思想政治教育资源，实现全员全程全方位育人。①

2019年8月，为全面贯彻习近平总书记在学校思想政治理论课教师座谈会上的重要讲话精神，中共中央办公厅、国务院办公厅印发了《关于深化新时代学校思想政治理论课改革创新的若干意见》。2020年12月，中共中央宣传部、教育部印发了《新时代学校思想政治理论课改革创新实施方案》，对新时代如何增强思想政治理论课的实效性，发挥思想政治理论课在立德树人中的关键作用以及如何将习近平新时代中国特色社会主义思想融入思想政治理论课等作出了部署。《关于深化新时代学校思想政治理论课改革创新的若干意见》和《新时代学校思想政治理论课改革创新实施方案》进一步明确了新时代高校思想政治理论课的课程体系设置，要求为专科生开设"毛泽东思想和中国特色社会主义理论体系概论""思想道德与法治""形势与政策"这三门课程，为本科生开设"马克思主义基本原理""毛泽东思想和中国特色社会主义理论体系概论""中国近现代史纲要""思想道德与法治""形势与政策"这五门课程，还要求在全国重点马克思主义学院增开"习近平新时代中国特色社会主义

---

① 用新时代中国特色社会主义思想铸魂育人 贯彻党的教育方针落实立德树人根本任务[N].人民日报，2019-03-19(1).

思想概论"课，为硕士研究生与博士研究生分别开设"新时代中国特色社会主义理论与实践"和"中国马克思主义与当代"课程。《关于深化新时代学校思想政治理论课改革创新的若干意见》和《新时代学校思想政治理论课改革创新实施方案》围绕各学段思想政治理论课的内容设置、各类思想政治课学分设置、教师队伍建设、教材体系建设等方面作出详细而具体的规定，还就加强实践教学、网络教学提出了指导意见，为推进新时代思想政治理论课改革创新提供了重要理论和政策指导。2022年颁布的《全面推进"大思政课"建设的工作方案》要求各高校全面开设"习近平新时代中国特色社会主义思想概论"课等。这一时期，党中央、国务院立足新时代培养担当民族复兴大任的时代新人的需要，加强高校思想政治理论课建设的战略谋划，提出了改革创新的整体思路，推出了一系列重大举措以深入推进高校思想政治理论课的创新发展。这些举措有力地开创了新时代高校思想政治理论课建设的新局面，为相关工作指明了方向、注入了活力。在党中央、各级政府和高校的共同努力下，高校思想政治理论课进一步深化改革，丰富了教学内容、创新了教学方法，并形成了综合改革的形势，构建了相对系统和完善的教学模式。

第二节 思想政治理论课当前面临的主要问题

目前，高校思想政治理论课主要存在的问题是教学效果如何提升，表现为以下方面：思想政治理论课课堂的抬头率不高，"人到了心没有到"；教师上课泛泛而谈，灌输得多，与学生互动得少；教学过程中尚未充分利用互联网、新媒体等信息技术；授课内容的时代感不强、穿透力不够、吸引力不足，教材内容和素材不够鲜活，学生吸收、内化得少；师资队伍的整体素质、教师教书育人的意识和能力仍有待提高；实践教学推进得不够、实践平台仍待拓展，尚未形成符合高校学生特点的实践教学模式；网络教学平台不完善，网络教学资源繁杂；思想政治理论课的评价体系和支持保障机制有待健全；各门课程建设的协同效应还有待提升；学校、家庭、社会协同推动思想政治理论课建设的合力没有完全形成，全党全社会关心支持思想政治理论课建设的氛围不够浓厚等。针对教学效果来说，高校思想政治理论课面临四个主要问题：

一、教学内容枯燥，时代感不强

进入新时代，我国经济社会迈入高质量发展阶段，综合国力显著提升，正在从"世界大国"向"世界强国"迈进；国内外形势发生了重大变化，世界格局处在显著变化之中，中国与世界的交流更趋紧密，与此同时，中西方的博弈也日趋激烈；互联网、新媒体、人工智能获得了迅速的发展，深刻地改变了民众的生活。这些现实变化深刻影响着社会生活和青年学生的思想行为。面对时代发展的新形势、新问题、新挑战，高校思想政治理论课要深化改革创新，增强时代性，着力推进马克思主义中国化时代化，回答和解决时代发展提出的新课题。习近平总书记在考察中国人民大学时提出："思想政治理论课能否在立德树人中发挥应有作用，关键看重视不重视、适应不适应、做得好不好。"[1] 在经济社会发展态势日新月异的时代，思想政治理论课的内容适应经济社会需求、国内外发展大势是至关重要的。

从目前的情况来看，高校思想政治理论课教学内容尚未能紧紧结合时代发展和实践进程的需要，尚未能讲深、讲透思想政治理论课所蕴含的深刻哲理，未能做到以透彻的哲理说服人，主要存在以下四个原因：

一是思想政治理论课尚未彻底做到结合中国实际讲深马克思主义基本原理。马克思主义理论体系包括马克思主义哲学、政治经济学、科学社会主义三个组成部分。其中马克思主义哲学客观地阐述了人类社会的本质和发展规律，政治经济学和科学社会主义指明了人类解放的基本路径与光明前景，为我们提供了认识世界、改造世界的强大思想武器。中国共产党自成立以来，就将马克思主义作为根本指导思想，并将马克思主义作为理论武器来推进社会主义革命、建设、改革和发展。我们看到，马克思主义理论具有开放性、时代性、包容性、创新性，具有在实践中不断自我更新、自我完善的理论品

---

[1] 坚持党的领导传承红色基因扎根中国大地 走出一条建设中国特色世界一流大学新路[N].人民日报，2022-04-26(1).

质，能够根据当时当地和各民族的具体情况而丰富发展。马克思主义不是教条，而是行动指南与科学方法，是在不断吸收优秀思想文化成果、从实践中汲取经验智慧而形成的思想宝库。因此，思想政治理论课教师在讲授马克思主义基本原理的过程中，必须紧密结合中国的实际情况才能把道理讲深，所谓中国实际就是中国的风土人情、历史文化、人文地理环境、社会制度等方面。目前，高校思想政治理论课的部分教师尚未充分结合中国实际、社会时代特征来阐述马克思主义基本原理，也未能将当代中国马克思主义的基本特质及其所蕴含的观点、方法充分展现出来，这就导致理论浮于表面，真理脱离实际，智慧缺少活力，难以做到入耳入脑入心，难以达到真懂真信真用。

二是思想政治理论课教学内容尚未真正讲透习近平新时代中国特色社会主义思想。党的十八大以来，以习近平同志为核心的党中央团结带领全党全军全国各族人民奋力推进中国特色社会主义建设事业，我国经济、政治、文化、社会、生态文明建设等多个领域均取得了全方位进展、开创性成就。总结已有的经验，集中全党、全国人民智慧，我们党创造性地形成了马克思主义中国化的最新成果——习近平新时代中国特色社会主义思想。新时代高校思想政治理论课的改革创新，要充分吸收这一最新成果，不断推进习近平新时代中国特色社会主义思想进教材、进课堂、进头脑。党的十九届六中全会通过的《中共中央关于党的百年奋斗重大成就和历史经验的决议》，对习近平新时代中国特色社会主义思想的科学内涵和历史地位作出重大判断：习近平新时代中国特色社会主义思想是当代中国马克思主义、二十一世纪马克思主义，是中华文化和中国精神的时代精华，实现了马克思主义中国化新的飞跃。"中华文化和中国精神的时代精华"这一全新的重大判断，充分彰显了习近平新时代中国特色社会主义思想与中华优秀传统文化的深刻关联及其在中国文化发展史上的重要地位。所谓尚未真正讲透，是指对该理论体系的整体性、系统性、规律性认识讲得还不够深，对其原创性贡献和方法论创新分析得还不够精细，对"两个结合"根本途径特别是"第二个结合"是又一次思想解放的论断把握得还不够透彻等。新时代的思想政治理论课教师需要深度了解并透彻领悟中国文化，以中国文化解释中国现象、以中国话语回答中国问题，如果对自己民族的悠久历史和深厚文化没有充分掌握，就难以真正讲透思想政治理论课。

三是思想政治理论课教学内容尚未完全纳入人类文明的全球视野。习近平总书记不止一次强调指出，当前形势下，办好思政课，要放在世界百年未有之大变局、党和国家事业发展全局中来看待。① 随着改革开放和社会主义现代化建设的发展，中国综合国力迅速提升，与世界各国的联系更趋紧密，中国日益走近世界舞台的中央。新时代高校思想政治理论课必须站在建设中华民族现代文明、创造人类文明新形态的高度，以更加宽广的全球视野，引导大学生科学分析和判断当前国际形势，正确认识中国发展道路的特色、优势和成就，在人类不同文明的交流激荡中增强中国特色社会主义道路自信、理论自信、制度自信、文化自信。只有通过对比分析世界各国的经济、政治、文化、安全等领域的变革路径、发展方向，才能引导学生吸收借鉴全人类优秀文明成果，养成"不畏浮云遮望眼""咬定青山不放松"的精神品质，把爱国情、强国志、报国行自觉融入坚持和发展中国特色社会主义、全面建成社会主义现代化强国、全面推进中华民族伟大复兴的奋斗之中。但是，部分高校思想政治理论课教师还缺乏一定的人类文明视野，还未能很好地阐述世界百年未有之大变局的文明背景，暂未对国内外的社会制度、发展思路进行系统的、全面的比较，也较少从东西方文明的交流互鉴中解读中国社会现实问题。这需要教师在集体备课、研讨的环节加以完善。

四是思想政治理论课教学内容对时代问题的回应不够。思想政治理论课不是书斋中的学问，而是从实践中凝练、升华而成的知识体系，需要回应学生之问、社会之问、时代之问；思想政治理论课不仅要在课堂上讲，还需要深入社会生活中讲。一堂好的思想政治理论课必须具有理论性与实践性的统一、学理性与社会性的统一，必须从校园的"小课堂"走向社会"大课堂"。当前，部分高校思想政治理论课教师的理论功底不够扎实，对于理论的阐述较为空泛，脱离时代发展需要、脱离学生需要来讲道理，导致教学内容对社会现实问题的解释力不足、授课内容的理论说服力不足、思想引领力不足。当前，青年学生对理论热点、社会难点、时事政治的关注度较高。在网络平台上，高校学生积极浏览新闻、参与焦点话题的讨论。特别是在汇报展示环节中，他们选择的课程小组汇报议题更加青睐国际局势、人口政策、网络暴

---

① 习近平. 思政课是落实立德树人根本任务的关键课程[J]. 求是，2020(17).

力、社会诚信、妇女权益保护等社会热点问题。因此，思想政治理论课教师必须具备深厚的理论水平，授课时从学生感兴趣的社会热点问题切入，并对青年学生关注的热点难点话题进行有力的回应，这样才能有效地促进教师与学生的互动、提升课堂教学效果、构建良好的学习氛围。

二、教学方法单一，吸引力不足

随着互联网、移动终端的快速普及，青年学生获取信息的渠道更加便捷，对高校思想政治理论课的质量、内容的要求日益提升。为了推进思想政治理论课建设的内涵式、高质量发展，高校必须不断创新思想政治理论课的教学方法，结合不同学段、不同学科的特点，开拓学生喜爱的教学模式，不断增强思想政治理论课的思想性、亲和力和针对性。目前，高校思想政治理论课都在不同程度上采用了专题教学、实践教学和网络教学方法，但这三种教学方法作为独立的教学方法存在的时候，确实存在着形式单一、吸引力不足的问题。

第一，专题教学未处理好教学内容与教学形式间的关系。专题教学以理论讲授为主，存在以下问题：其一，重理论讲授，轻与实际联系。教师多通过教材解读、理论宣讲来进行授课，呈现以理论灌输为主的特点。如何将理论与实践、历史与现实相结合，将鲜活的案例、事件与深奥的理论相结合，让教学内容接地气、引共鸣是思政课教师必须解决的问题。其二，只讲实践，不分析理论。部分高校教师为了提升课堂效果，把聊天式、故事式、噱头式的授课方式引入课堂，过多讲述案例、事件等支撑性材料而缺乏对核心理论观点的剖析和解读，因而无法讲透马克思主义理论的核心观点、科学方法。其三，教学方法呆板单一、缺乏互动性。在授课过程中，教师对小组讨论、案例分析、情景短剧等青年人喜爱的形式运用得不够，对视频资料等较为生动鲜活的材料讨论得不足，导致课堂气氛沉闷、吸引力不足。专题教学必须坚持内容与形式的辩证统一，推动二者相辅相成、互相促进。思想政治理论课的高质量发展首先要以内容为基础，不断提升课程内容的宽度、厚度、广度。课程内容既要融入扎实的马克思主义理论基础，也要有生动鲜活的案例分析、视频资料，如此才能真正地提升思想政治理论课的教学效果。在保证理论质量的基础上，专题教学也应当高度重视运用多样的、生动活泼的教学方法。目前来看，部分高校的思想政治理论课尚未处理好教学内容与形式的关系，还未能实现教学内容有深度、教学方法有效果的目标，尚未根据不同的课程内容来选取适合的教学方法。

第二，实践教学形式单一，效果不佳。相较于课堂专题教学而言，实践教学更具参与性和体验性，有助于学生更好地理解、应用所学的理论知识。思想政治教育要引导学生养成实践思维，在学习科学文化知识的同时，注重实践锻炼，不断提升自身的综合素质与动手能力。目前高校实践教学形式单一，效果不佳。主要表现为以下方面：其一，走马观花式的参观，对实践教学的重视度不高。部分学校还未将实践课程作为思想政治理论课的一部分，或将实践活动视为课堂教学的"附属品"，极大影响了实践教学的效果。其二，部分高校将实践教学简单地等同于"第二课堂"，即多依托于学生工作部门来组织学生开展社会调查、志愿服务等活动，或开展近距离的参访、社会实践活动，缺乏有针对性的实践教学形式。其三，高校实践教学基地建设亟待推进。在教育部的号召之下，各地教育部门和高校均大力开展实践教学基地建设，不断加强育人资源开发，大力构建各部门协同推进实践教学的有效工作机制。但是，高校实践教学基地的建设和管理还有很大提升空间，部分偏远地区的高校还没有专门的实践教学基地。其四，思想政治理论课的实践教学的覆盖面窄，暂未形成多样化的实践教学形式，尚未围绕实践教学构建系统性的课程方案，还未能依托社会大课堂构建起实践育人的大体系、大课堂，对社会各界提供的实践育人资源挖掘得不够。

第三，教学新载体运用得不充分。互联网特别是移动互联网技术的迅猛发展，推动了新媒体、多媒体、融媒体、全媒体、自媒体及新兴衍生媒体的产生。新兴媒体全时空、无障碍渗透到青年学生的学习生活之中，深刻改变了青年学生获取信息、学习知识、沟通思想、交流情感、开展交往的方式，对青年学生成长发展的影响越来越大。并且，这些教学新载体突破了时空的局限性，具有高度的共享性和即时性。学生能够随时随地通过平台参与课堂教学、小组讨论，因此具有独特的优势。新时代高校思想政治理论课的改革创新，要适应这一新情况，充分利用新的网络载体，不断创新教学载体和教学方法，加强交互式、立体性、可视化教学，将理论以更加生动活泼的方式呈现出来，增强思想政治理论课的魅力，拉近思想政治理论课与学生的距离，不断提升教学的吸引力和感染力。目前，高校思想政治理论课仍然较多运用面对面授课的形式，对学生喜爱的新载体运用得不够，尚未真正发挥新媒体、新平台、新技术在创新思想政治理论课教学方式当中的作用。

三、教学实效性不明显，针对性不强

在幼儿园，思想政治理论课主要通过游戏的方式开展。从小学开始，学校就有了相应的课程设置。对于思想政治理论课来说，如何循序渐进地开展教学，避免教学的纵向脱节和横向重复，推进整体优化，不断提升新时代高校思想政治理论课教学效果，是我们面临的重要问题。长时间以来，思想政治理论课的实效性不明显、针对性不强，具体表现为以下几个方面：

（一）对学生成长的代际性理解不深

每个年代的大学生的生活环境、成长过程、思想困惑不同，接受马克思主义理论教育的规律也不相同，呈现出明显的代际差异。进入新时代以来，高校学生群体的主力军是"90后""00后"，这一代青年成长于改革开放和社会主义市场经济深入发展的阶段，成长于国家富强、民族振兴、国民经济快速发展时期，生活环境和物质条件较之前有了很大改善。这一年龄段的高校学生既享受着相对丰富的物质生活和精神生活，也面临着巨大的就业压力和竞争压力，他们对自身全面发展的需求和对美好生活的期待更加凸显。同时，这一代青年也是网络和移动终端蓬勃发展背景下成长起来的一代，是"数字原住民"，是电脑、手机等移动终端的忠实用户。互联网和移动终端影响并改变了青年学生的学习方式、思想方式、生活方式和行为方式，网络上各种社会思潮、思想观点也极大地影响青年学生的思想观念和价值取向。他们强调个性发展，喜欢接受挑战，热衷突破自我，是注重追求自我价值的一代；他们善于独立思考，积极表达观点，注重人生选择与成长发展，能够意识到自己的社会角色、社会责任，希望能产生影响力，是务实又紧随时代发展的一代。因此，高校思想政治理论课要有针对性地进行改革创新，把大众化传播和分众性引导结合起来，把满足学生的个性化发展和共同性成长需要结合起来，

选择符合当代学生特点的教学内容与教学方式，更好地满足学生成长成才的需要。从目前的情况来看，部分高校的思想政治理论课教学内容、教学方法无法满足新一代青年学生的需要，对青年学生的吸引力和感染力不够强，还无法充分发挥思想政治理论课在培育时代新人当中的关键作用。

（二）对学生的学科差异性重视不够

因各学科的理论体系、性质特点、知识结构、研究方法的不同，不同学科、不同专业的学生的马克思主义理论功底也有所差异，对马克思主义理论的接受规律、方式也不尽相同。高校思想政治理论课教学除了要从整体上把握学生的一般特点，还要依据不同学科、不同专业、不同知识结构学生的具体特点，进一步强化教学针对性，紧密结合学生的特点开展马克思主义理论教育，把学习马克思主义理论与学习学科专业知识紧密结合起来，因地制宜，因材施教，不断提高思想政治理论课的吸引力、亲和力和引导力。目前，部分高校教师在讲授高校思想政治理论课的过程中，对学生的学科差异性的重视度不够，尚未根据学生的学科背景、知识结构、年龄段来调整教学材料和教学内容，这也影响了教学效果。

（三）对学生发展的层次性体现不足

高校思想政治理论课教学对象有专科生、本科生、硕士研究生和博士研究生等不同学历层次的学生。不同学历层次的学生发展起点不同、理论基础不同、学习能力不同、研究兴趣不同、思维方式不同、成长心态不同，因此对思想政治理论课的授课内容、教学方式、讲述重点的需求都有所差异。从实际情况来看，学历越高的学生对授课内容、教学方式的要求也越高，对思想政治理论课教学效果的满意度越低。目前，高校思想政治理论课的改革方案、实施方案尚未能充分体现学段的层次性，教师还需进一步结合教学对象的特征来确定教学目标、内容、要求和方法，以更好地满足学生需要。

（四）思想政治理论课教学的供给侧仍需改革

其一，教材内容难以接续迭代且具有一定的周期。高校学生在中学阶段就已经学习过马克思主义哲学原理、政治经济学原理等内容，而大学的课本对相关内容拓展和提升得不够，难以引起学生的兴趣。并且，教材内容的更新具有一定周期，无法紧跟时事政治，无法系统全面地囊括马克思主义中国化理论最新成果、中国特色社会主义建设最新经验，因此滞后于时代发展。

其二，教师的理论水平和教学方法跟不上形势的发展。目前，部分高校的思想政治理论课教师没有系统学习过马克思主义基本原理、马克思主义中国化理论、思想政治理论课教学教法的理论，其知识积累、科研能力、综合素质难以跟上时代需要，这也影响了思想政治理论课的实效性。

其三，教学方式和方法的改革创新滞后于学生需要。当前，思想政治理论课多采用课堂讲授、理论灌输的方法，而较少采用当代青年人喜爱的新媒体平台和实践教学方式，这也影响了思想政治理论课的实效性。有的学生对于思想政治理论课持有刻板印象，即认为这类课程"浪费时间"，在课堂上"不抬头"、不参与，这就需要教学方式和方法的改革创新，促使学生自发重视思想政治理论课所具有的意义。

四、教师亲和力不够，互动性不高

习近平总书记在学校思想政治理论课教师座谈会上强调："办好思想政治理论课关键在教师，关键在发挥教师的积极性、主动性、创造性。"[1]可见，教师在高校思想政治理论课改革创新过程中发挥着至关重要的作用，而要充分发挥教师作用则必须提升其亲和力。亲和力是体现在教学互动过程中的一种性格属性，教师的亲和力能够有效地提升教育教学的效果。思想政治理论课教师的亲和力源于多种因素：第一，深厚的理论素养。有充足的知识储备、宽广的视野的教师才能够更好地引导学生进行思考、分析和判断，帮助学生解答思想、知识方面的问题。如果教师自身的素质不过硬，必然会影响学生对教师的好感和信任度。第二，良好的个人修养。亲和力也源于教师的形象气质、言谈举止中所流露出来的良好修养和宽广眼界，在授课过程中所彰显的师德师风与高尚品质，在教学过程中所展现的行为举止与人格魅力。有亲和力的教师能够平等、公正地对待学生，善于走近学生、了解学生，因而也更容易与学生建立起良好的关系。第三，良好的沟通技巧。若教师具有良好

---

[1] 习近平.习近平谈治国理政：第3卷[M].北京：外文出版社，2020：330.

的沟通技巧，则能够更好地将理论视野、思想观点、人生体悟传递给学生，能够更快地构建良好、和谐的师生关系，能够更强地传递出对学生的期待与感召，学生也更容易接受教师的引导和塑造。必须看到，亲和力对于思想政治理论课教师而言是至关重要的一项品质，亲和力能够更快地创造有获得感的课堂、有趣味的教学、有深度的交流，课程的理论温度、知识信度、教学效度也随之增强。

目前来看，部分高校思想政治理论课教师的亲和力不够，主要体现在课堂互动性不高以及师生的互动交流不足。在课堂上，授课方式仍然以教师讲述为主，师生讨论少、学生发言少；在课后，教师与学生也鲜有机会和平台交流，师生之间的关系不够紧密，师生之间畅通的沟通机制尚未建立。究其原因，主要有以下四点：第一，教师的理论素养、授课技巧仍待提升。部分高校教师未接受过系统的教学方法培训，有些在马克思主义学院工作的教师未系统地学习过马克思主义理论，因此存在"内功"不够深厚的问题。部分教师未熟练掌握教学技巧，尚未摸索形成符合学生特点的授课方式，在言语表达、肢体动作、课程进度安排、课程内容设置等方面都存在较大的提升空间。还有部分教师对新媒体技术掌握得不足，并未很好地运用多元化的教学平台，课堂缺乏吸引力和感染力，不能有效激起学生的兴趣。第二，教师在教学内容、材料选择等方面没有纳入马克思主义理论中国化的最新成果以及学生关心的社会热点问题，因此未能真正满足青年学生对知识的迫切渴望。第三，教师对不同学科背景、不同年龄段学生的授课针对性掌握得不够。高校思想政治理论课教学要遵循学生认知能力、理解能力和接受能力不断增强的规律，构建循序渐进、螺旋上升的教学机制，逐步加深教学的深度和难度。目前，不同门类课程的沟通机制尚未建立，在课程设置、教案编写等方面的交流不够，往往出现授课内容交叉重复、教法单一等问题。第四，学生的主体性发挥得不够。有亲和力的思想政治课堂必须充分发挥学生的主体性，推动教师的主导性和学生的主体性有机结合、相互转化，引导学生自觉学习、钻研、掌握和运用马克思主义的立场、观点和方法，提高学生认识和解决现实问题的能力，引导学生将所掌握的马克思主义科学理论知识内化为自身的理论积累与综合素质。目前，部分高校的思想政治理论课并未很好地发挥学生的积极性、能动性，尚未构建教师与学生有效沟通、互相配合的长效机制。

第三节　思想政治理论课建设的重要意义

党的二十大报告指出："推动理想信念教育常态化制度化，持续抓好党史、新中国史、改革开放史、社会主义发展史宣传教育，引导人民知史爱党、知史爱国，不断坚定中国特色社会主义共同理想。用社会主义核心价值观铸魂育人，完善思想政治工作体系。"习近平总书记强调，当前形势下，办好思政课，要放在世界百年未有之大变局、党和国家事业发展全局中来看待，要从坚持和发展中国特色社会主义、建设社会主义现代化强国、实现中华民族伟大复兴的高度来对待。一直以来，中国共产党立志于中华民族千秋伟业，必须培养一代又一代拥护中国共产党领导和我国社会主义制度、立志为中国特色社会主义事业奋斗终身的有用人才。未来30年，高校培养的人要成为堪当民族复兴重任的时代新人，要能够完成"两个一百年"的伟业。这是我国高等学校教育的历史责任。[①]

新时代以来，党中央高度重视高校思想政治理论课的改革创新，颁布了《关于新时代加强和改进思想政治工作的意见》《关于深化新时代学校思想政治理论课改革创新的若干意见》《关于加强新时代马克思主义学院建设的意见》《新时代学校思想政治理论课改革创新实施方案》《高等学校思想政治理论课建设标准（2021年本）》《新时代高等学校思想政治理论课教师队伍建设规定》等重要政策文件，凸显了思想政治理论课在党中央治国理政战略全局中的重要地位，推动了思想政治理论课高质量、内涵式发展，发挥了思想政治理论课在立德树人中的关键作用。

一、落实立德树人根本任务

只有办好思想政治理论课，才能全面贯彻新时代党的教育方针，落实立

[①] 习近平.思政课是落实立德树人根本任务的关键课程[J].求是，2020(17).

德树人的根本任务。习近平总书记强调，全面贯彻党的教育方针，落实立德树人的根本任务。"为谁培养人、培养什么人、怎样培养人"始终是教育的根本问题。要坚持党的领导，坚持马克思主义指导地位，坚持为党和人民事业服务，落实立德树人根本任务，传承红色基因，扎根中国大地办大学，走出一条建设中国特色、世界一流大学的新路。[1]新时代坚持党的教育方针要明确以下几个基本原则：教育工作必须坚持中国共产党的全面领导，把牢政治方向，端正办学理念，建立制度规范，不断提升办学治校、教书育人的能力和水平；教育必须坚持立德树人、加强学术支撑，紧紧依靠广大教师，加强学科专业建设，开展人才培养、科学研究和社会服务是大学的基本活动；教育必须坚持深化综合改革、健全治理体系，要革除不利于落实党的教育方针的体制机制障碍，要以宽广的国际视野洞察世界教育发展大势，以博大的胸怀吸纳世界一切优秀文明成果。历史证明，只有全面贯彻党的教育方针，落实立德树人根本任务，才能推动教育事业健康、平稳、有序发展。将高校思想政治理论课作为落实立德树人根本任务的关键课程，是我国教育事业"坚持党的领导"的集中体现，是新时代党的教育方针的集中体现。办好思想政治理论课，要全面贯彻党的教育方针，发挥思想政治教育在社会主义建设中的先导性、基础性和全局性的作用；办好思想政治理论课，就是从根本任务和根本标准上抓住教育改革发展的"牛鼻子"，纲举目张，推动各项事业全面进步；办好思想政治理论课，就是回答好培养什么人、怎样培养人、为谁培养人这道"必答题"。

育人之本，在于立德铸魂、立德树人。思想政治理论课从根本上来说是要做人的工作、要解决思想问题。从内容上看，高校思想政治理论课集马克思主义理论、马克思主义中国化成果、中国共产党党史、法治意识、政策制度、时政热点等内容于一体，能够用先进的理论武装青年学生的头脑；从形式上看，高校思想政治理论课运用了专题讲座、实践教学、网络教学等多样化的教学方法，能够全方位地引领学生开展学习。因此，思想政治理论课对贯彻落实立德树人根本任务有着不可替代的重要意义：首先，思想政治理论课有利于引导学生深刻理解马克思主义的立场、观点和方法，自觉运用历史

---

[1] 坚持党的领导传承红色基因扎根中国大地 走出一条建设中国特色世界一流大学新路[N].人民日报，2022-04-26(1).

唯物主义和辩证唯物主义来观察并解决问题，培养历史思维、系统思维、大局思维和协同思维。其次，思想政治理论课有利于引导学生深入了解中国共产党百年奋斗的历史进程与宝贵经验，在宏阔的历史视野中深刻理解中国特色社会主义的优势与特点、在国际视野中深刻理解中国的独特发展路径，从而更好地引导学生坚定"四个自信"。再次，思想政治理论课有利于提升学生的思想水平、道德品质，使其逐步成长为社会主义核心价值观的传播者和践行者、自觉投身于中国特色社会主义建设伟大征程，融入全面建成社会主义现代化强国和实现中华民族伟大复兴中国梦的磅礴征程之中。最后，思想政治理论课能够有力推进高校思想政治工作。习近平总书记强调指出，思想政治工作从根本上说是做人的工作，高校思想政治工作从学生的需要出发，必须围绕学生、关照学生、服务学生，不断提高学生思想水平、政治觉悟、道德品质、文化素养，让学生成为德才兼备、全面发展的人才。高校思想政治理论课是培育时代新人的关键载体，有利于引导学生牢固树立积极向上的世界观、人生观和价值观，有利于提高学生思想水平、政治觉悟、道德品质、文化素养，是推进高校思想政治工作的关键环节。

二、确保党的各项要求在教育领域落实落细

只有办好思想政治理论课，才能充分体现正确办学方向，确保党的各项要求在教育领域落实落细。习近平总书记指出，中国共产党的领导是中国特色社会主义最本质的特征。[①] 中国共产党自成立以来，就将党的政治建设摆在突出位置。党的政治建设是党的根本性建设，加强学校党的政治建设，是加强党对教育工作全面领导的必然要求。思想政治理论课贯穿于高校教育工作的全过程，思想政治理论课的课程性质、理论体系、教学内容均是社会主义办学方向的根本体现，充分展现了我国教育体系的社会主义性质，是党的政治建设在教育领域的具体化。办好学校思想政治理论课，是造就大批德才兼备、身心健康的时代新人的前提条件；办好学校思想政治理论课，关乎我们党长期执政，关乎中国特色社会主义事业的稳步发展，关乎国家长治久安和中华民族伟大复兴中国梦的实现。

---

① 习近平.习近平谈治国理政：第2卷[M].北京：外文出版社，2017：18.

思想政治理论课的办学成效是衡量各级各类学校党组织领导力、检验学校办学方向的试金石。办好思想政治理论课的过程，是牢牢掌握党对教育工作的领导权、加强党对思想政治理论课的全面领导、落实落细党对教育领域发展的各项要求的过程；办好思想政治理论课的过程，是进一步明确社会主义大学办学方向、扎根中国大地办大学、走出一条具有中国特色的高等教育发展新路子的过程；办好思想政治理论课的过程，也是优化办学思路、创新办学模式、提升办学质量的过程；办好思想政治理论课的过程，是传播科学的理论观点和思想体系、铸牢社会主义核心价值观、培养德智体美劳全面发展的社会主义建设者和接班人的过程。

中国特色社会主义进入新时代，我国的教育事业也进入高质量发展的新阶段。全新的历史方位要求我们从战略高度和政治高度来认识办好思想政治理论课的重要性、必要性，要求我们充分发挥高校思想政治理论课在教育工作中的先导性、基础性和全局性作用。新时代，高校思想政治理论课要全面推进习近平新时代中国特色社会主义思想进教材、进课堂、进头脑（简称"三进"），引领广大教师深刻认识习近平新时代中国特色社会主义思想的丰富内涵与精神实质，引导广大学生在时代发展洪流中进一步坚定对马克思主义的信仰、对中国特色社会主义的信念、对实现中华民族千秋伟业的信心，以确保党的政治建设各项要求在教育领域落实落细。

三、打牢学生成长成才的思想基础

只有办好思想政治理论课，才能及时用党的创新理论武装学生头脑，打牢学生成长成才的思想基础。习近平总书记强调指出，马克思主义是我们立党立国的根本指导思想，也是我国大学最鲜亮的底色。因此，要着力巩固马克思主义在意识形态领域的指导地位，推动马克思主义进教材、进课堂、进头脑。中国共产党自成立以来，始终致力于推动马克思主义基本原理同中国具体实际相结合，在革命、建设和改革的伟大历程中推动马克思主义中国化。党的十八大以来，以习近平同志为主要代表的中国共产党人始终运用科学的理论来观察时代、分析时代、引领时代，坚持在中国特色社会主义建设的实践中总结经验、汲取智慧，形成了马克思主义理论中国化的最新成果——习近平新时代中国特色社会主义思想。这一新思想准确地判断了我国发展的新历史方位，系统回答了新时代坚持和发展什么样的中国特色社会主义、怎样坚持和发展中国特色社会主义这个重大时代课题，为中国的发展指明了道路。

思想政治理论课是引领学生学习党的创新理论的主渠道。办好新时代学校思想政治理论课的过程，就是全面推动党的创新理论，特别是习近平新时代中国特色社会主义思想进教材、进课堂、进头脑的过程，就是引导广大学生深刻认识中国共产党的创新理论的时代意义、理论意义、实践意义的过程。在思想政治理论课上，通过理论与实际的融合、历史与现实的交错、国际与国内的对比，引领学生深刻把握党的创新理论特别是习近平新时代中国特色社会主义思想的理论逻辑、历史逻辑、实践逻辑，深入领悟贯穿其中的马克思主义立场观点方法，不断增强对党的创新理论的政治认同、思想认同、理论认同、情感认同。高校在推动新时代党的创新理论进教材、进课堂、进头脑的过程中，能够进一步发挥思想政治理论课对塑造学生"三观"的作用，有利于引导学生将党的创新理论铭刻脑海、融入血脉，有利于学生将马克思主义理论作为认识世界和改造世界的强大思想武器。这些都是打牢青年学生成长成才思想基础的重要途径。

四、培养堪当民族复兴大任的时代新人

办好思想政治理论课，需要心怀"国之大者"，加强"四个自信"教育，培养担当民族复兴大任的时代新人。当前，中国共产党团结带领全国各族人民踏上了第二个百年奋斗目标的新赶考之路，迈上了全面建设社会主义现代化国家新征程，以中国式现代化全面推进中华民族伟大复兴。要实现中华民族伟大复兴的目标，必须以德智体美劳全面发展的社会主义事业建设者和接班人的培育为基础，有堪当民族复兴大任的人才队伍做保障。习近平总书记在同中国人民大学师生代表座谈时强调："立足新时代新征程，中国青年的奋斗目标和前行方向归结到一点，就是坚定不移听党话、跟党走，努力成长为堪当民族复兴重任的时代新人。"[①]

---

① 坚持党的领导传承红色基因扎根中国大地 走出一条建设中国特色世界一流大学新路[N].人民日报，2022-04-26(1).

要成为堪当民族复兴大任的时代新人，就是要成为占有自己的全面的本质的"真实的人"、追求全面发展的"总体的人"、矢志奋斗的"劳动的人"。办好高校思想政治理论课的过程，就是培养马克思主义的践行者、中国特色社会主义的建设者、时代发展的引领者的过程，就是引领青年学生成为"真正的人"的过程。要成为中国特色社会主义建设者和接班人，必须对共产主义、社会主义有坚定的理想，必须对中国道路、中国发展有坚定的信心。因此，完成培养堪当民族复兴大任时代新人这一重要的历史使命，必须引领学生坚定"四个自信"。高校思想政治理论课要把"四个自信"教育作为主要内容，结合不同学段、不同学科学生的兴趣点，循序渐进、螺旋上升、深入浅出地讲清楚一系列关乎道路自信、理论自信、制度自信、文化自信的重大命题，让思想政治理论课成为播撒"四个自信"种子的沃土，成为铸就"四个自信"基石的熔炉，成为培育"四个自信"坚守者的平台。

随着我国经济社会不断发展、对外开放水平持续提升，我国同世界各国的联系更趋紧密，相互影响日渐增强，意识形态领域面临的形势和斗争也更加复杂。高校是开展意识形态工作的前沿阵地，高校思想政治理论课是推进意识形态塑造的有效途径。办好思想政治理论课就是要用马克思主义理论、方法以及马克思主义中国化的理论成果铸魂育人，以引导学生科学认识马克思主义为什么行、中国共产党为什么能、中国特色社会主义为什么好。办好思想政治理论课就是要开展《中共中央关于党的百年奋斗重大成就和历史经验的决议》的教育，在思想引领中增强学生对中国特色社会主义道路自信、理论自信、制度自信、文化自信，自觉融入全面建成社会主义现代化强国的伟大事业、实现中华民族伟大复兴的宏伟征程之中。办好高校思想政治理论课的过程，也是引领青年学生在宏阔视野中坚持学习、用创新理论武装头脑、在苦干实干中承担大任、在爱国爱民中树立志向、在历史前进中不懈奋斗。

第二章 "三位一体"教学模式的思路

为了进一步发挥思想政治理论课在立德树人中的重要作用，党中央高度重视思想政治理论课教学模式改革创新，推动思想政治理论课高质量发展。在党中央全面领导以及教育部的具体指导下，各地高校不断探索思想政治理论课教学新模式。自2014年以来，厦门大学马克思主义学院开始探索并实施"三位一体"思想政治理论课教学改革。"三位一体"教学模式是集课堂专题教学、课下网络教学、课外实践教学于一体的教学模式，具有鲜明的整体性、系统性、立体化特征。这种教学模式本着向课堂要质量、向网络要阵地、向实践要信仰的教学目标，以课堂专题教学为核心，以课下网络教学为前提，以课外实践教学为拓展，形成了三种教学方法环环相扣、协同发力、共同推进的教学模式，从整体上实现了教学的良性循环。"三位一体"教学模式在深化创新教学改革以及培养学生创新精神、实践能力和社会责任感方面作出了积极的探索，对提升思想政治理论课教学效果有显著的促进作用，为服务地方经济和社会发展、建设创新型国家的重大战略贡献力量。

随着"三位一体"教学模式改革的推进，厦门大学思想政治理论课的教学效果得到了显著的提升，学生对任课教师教学态度、课堂效果、授课质量的评价总体上较高。"三位一体"教学改革还得到了中宣部、教育部和福建省委宣传部、省委教育工委、省教育厅的肯定，得到了人民网、光明网、光明日报、中国教育报等国内权威媒体的专题报道，也获得了高校同行的广泛认可和高度关注。

第一节 "三位一体"教学模式的总思路

"三位一体"教学模式改革总思路，就是牢牢把握思想政治理论课的教育教学目的，力求找准并讲透学生关注的重大理论和现实问题，以学生成长成才的迫切需要为主要目标，形成集专题教学、网络教学、实践教学于一体的教学体系。首先，以问题为导向的专题教学是"三位一体"教学体系的核心。这种专题教学方式强化了问题意识，着重强调科研对教学的支撑，解决了以往课堂泛泛而谈、学生"吃不饱""听不进"的问题，不断巩固课堂教学主阵地。以问题切入来组织课堂教学，一方面达到了用理论说服学生的效果，另一方面也消除了教师的教学与科研"两张皮"现象，极大地调动了教师的积极性，使思想政治理论课具有持续的生命力和战斗力。其次，网络教学是专题教学推进的必要前提和重要补充。以网络平台支撑知识点学习的网络教学，改变了传统的灌输式教学方式，推动学生开展探索式和主动式学习，使学生提前完成教材知识体系的学习，有利于深化对课堂教学内容的学习。最后，实践教学是专题教学的延伸。以强化认同教育为重点的实践教学着力让学生在认识和了解中国国情的过程中实现理论与实践结合，不断内化理想信念、坚定"四个自信"，打通了思想政治理论课的"最后一公里"，有利于实现高校产学研一体化的目标。可以说，"三位一体"的教学模式从总的设计上强调整体性和系统性，力求做到课堂教学、网络教学和实践教学环环相扣，协同发力，共同推进，旨在解决以往思想政治理论课教学改革只注重单一环节改革的做法，致力于形成由三个教学环节并驾齐驱的多方位、立体化的教学模式，有效提升思想政治理论课教学质量，从而大大增强广大学生对中国特色社会主义和中国梦的政治认同、思想认同、理论认同、情感认同以及坚定中国特色社会主义道路自信、理论自信、制度自信、文化自信。

一、专题教学是"三位一体"教学体系的核心

在"专题教学+网络教学+实践教学"的"三位一体"教学体系中,专题教学是核心。这是因为课堂教学是思想政治理论课教学的主阵地和主渠道,而专题教学主要是依托课堂开展的。专题教学围绕重大理论与实践问题来形成理论专题,进而由各个专题来构成课堂教学的主要内容。这种教学方式打破了教材的章节设计,在保证教学理论的结构和体系的完整性的基础上,形成了一系列有内在逻辑联系的教学专题。在专题教学中,教师能够"苦练内功",集中精力对某个专题保持着持久研究,教师能够形成更加完备的知识体系,对课程内容作出更深刻的阐释。并且,专题教学具有网络教学和实践教学所不能替代的优势。专题教学是经过教师精心设计、统筹安排的课程体系,呈现出内容纵向衔接、逐层递进、螺旋上升的一致性连贯特征。专题教学囊括理论观点、基本方法、道德教育、法治知识、生活常识等全方位内容,有利于全面提升学生的知识储备、综合素质。因此,专题教学是提升思想政治理论课实效性的根基,也是思想政治理论课发展的核心。

长久以来,课堂教学是思想政治理论课的主渠道和主阵地。专题教学是对课堂教学组织方式的创新与发展,是提升课堂教学的吸引力、感染力的重要方式。专题教学有利于抓住教材的重点和难点问题以及社会热点和焦点问题,聚焦学生关注的重大理论和现实问题,开展深度讲解和启发引导,有利于良好地解决学生的思想认识问题。在推进专题教学的改革过程中,我们着重抓好三件事:一是做好专题设计,保证专题内容既紧扣教材大纲,又突出针对性,抓准关键问题、难点问题;二是强化科研和案例的支撑、理论与实践的融合,既把道理讲透,做到以理服人,又要理论联系实际,使理论借助现实的中介作用打动学生,达到以情感人的效果;三是组织好课堂的教与学互动,规范并引导教师依托科研开展专题教学,持续组织校内外专家进课堂开展专题讲座,注意调动学生学习的积极性和自主性,注重开展课堂互动、课堂讨论、小组汇报,全方位增强思想政治理论课的吸引力和穿透力。

思想政治理论课教学改革是一个系统工程,抓住专题教学这一核心,就有了将教学的各个环节整合成为一体化、立体化教学模式的信心。厦门大学

马克思主义学院在推进"三位一体"教学改革的过程中，注重把握专题教学与其他教学环节（网络教学和实践教学）之间的关系，围绕专题教学的需要将背景性知识前置到网络教学之中，聚焦专题教学主题推进社会实践活动，进而形成了以专题教学为核心、网络教学和实践教学为补充的教学模式。以专题教学为抓手的教学模式，能够促进课堂教学、网络教学和实践教学的一体化建设，从而大大增强思想政治理论课的教育教学效果，同时还可以推动思想政治理论课教学、科研和社会服务的一体化办学模式的构建。

二、网络教学是专题教学的前提

丰富多样的网络教学是专题教学的前提，有利于提升专题教学的实效性。以网络为基础发展起来的多媒体具有交互性能好、信息传播快、展示性较高等优势。通过开辟网上教学平台，结合慕课、易班等网站为学生提供多样化网络教学资源，不断深化网络教学内容。网络教学的目标包括以下三点：第一，将知识性的内容前置。教师组织学生开展网上阅读，以网络答疑等方式进行教学，帮助学生在专题教学之前初步打好基础。第二，充分发挥网络在教学过程中的作用。教师运用网上作业、网络测试来指导学生学习，组织学生通过网络开展交流讨论，及时答疑解惑，逐步拓展深化专题教学内容。第三，提升学生的学习自主性。伴随着互联网和移动终端的迅猛发展，学生的思想政治理论课学习方式也有所创新。通过制作在线课程、动画、短视频，将抽象的理论知识通过文字、声音、图像等方式生动地呈现出来，网络教学为学生提供多元化的教育资源、最大限度地激发学生的学习动机。

在网络教学方面，我们着重做好四个方面的工作：一是坚持内容为王，定期推出并及时更新网络教学资源，特别是教学课件、参考资料、网络题库，引导学生自主探索性学习，为专题教学打好基础。二是培训教师和教学助理，组织好网络空间的互动讨论和网络答疑工作，做到有问必答、网格对应、一网"答"尽，强化专题教学效果。三是根据不同学科特点来设计网络教学平台、内容，赋予不同学科以不同风格，以增强吸引力，让学生们爱上在网络平台进行学习和互动。四是处理好网络教学和专题教学的辩证关系。要坚持以专题教学为根本，并运用网络资源将教学内容更好地呈现出来，在保障教学质量的基础上做到守正创新。

网络教学具有不可替代的优势。网络教学打破了传统时间和空间的束缚，具备即时性、互动性、灵活性等特征，能够为高校思想政治理论课提供更加便捷的"移动课堂"。网络教学的优势决定了师生可以自主选择开展思想政治理论课教学和学习的地点、方式，这有效突破了校园围墙的限制，推动思想政治理论课向更加广泛的地区和群体辐射，能够有效地提升思想政治理论专题教学质量，推动思想政治理论课的高质量、内涵式发展。

三、实践教学是专题教学的延伸

生动鲜活的社会实践是专题教学的延伸，实践教学是实现知识体系向信仰体系转化的重要环节。要使学生增强对中国特色社会主义的认同和自信，关键在于要使学生深刻认识和理解中国特色社会主义的"特色"所在。一方面，要从理论上把道理讲明白；另一方面，要调动学生真正从现实中、从中国特色社会主义具体实践中体会理论的精髓。实践教学是思想政治理论课的重要组成部分，也是一项具有明确目标、丰富内容、多样形式、广阔平台的活动，其所具有的直观性、体验性等特征更好地提升了思想政治理论课的教育效果，有力链接了思政小课堂和社会大课堂。因此，实践教学在思想政治理论课教育教学中发挥着不可替代的重要的育人功能。而要实现好这一功能，关键在于：一要将思想政治理论课的实践教学紧密结合理论教学来组织，并覆盖全体学生；二要坚持"问题导向"，要深入社会现实开展面向重大现实问题的实证调研，以使实践教学能帮助学生深入把握现实生活的本质，从而起到将理论知识转化为信仰的催化作用；三要积极发动教师力量，要求教师要投入时间和精力，认真组织、深入指导，以提升实践教学的质量；四要把握好实践教学和专题教学、网络教学的关系。专题教学是实践教学的基础，是实践教学的起点，而网络教学则是进行知识储备、提升思想认知的重要载体。因此，实践教学通过引领学生"躬行""真用"，能够推动学生更好地实现理论自觉、实践自觉。

思想政治理论课的实践教学具有强大的育人功能。学生在实践教学当中，能够收获与专题教学不同的知识。实地考察、社会调查、主题演讲、影视作品赏析、课堂情景剧、志愿活动、勤工助学、专业实习等实践活动，能够极大地提升学生学以致用的能力，有效地增强思想政治理论课的影响力。在思想政治理论课教学大纲的基础上形成的课题调研，充分结合了国家及地方战略需求，有利于学生更加深入了解中国现实、触摸到国家和社会的深层脉动，并深刻认识中国特色社会主义的"特色"所在，从而深刻认同这一道路、理论和制度。实践教学还能够有效地密切师生关系。实践教学以师生共建课题组的方式进行，由不同的思政课老师带队，全校各专业的同学可以自由报名同老师一起组队。师生由课堂上彼此互动转向课外密切合作，线上沟通转为线下交流，这使得师生关系在调研走访、社会实践中得到升温，教师的言传身教可以更为直观地传导给学生，学生得以近距离地观察领悟老师们的问题意识、缜密思维、全局意识、逻辑推理、系统分析、调研技巧、实践技能，达到了实践育人的良好效果。

  此外，实践教学有利于提升教师的综合素养。在实践教学中，教师主要负责提出紧密结合教学需要和现实需要、具有鲜明教育教学导向的调研课题指南，围绕思想政治理论课教学大纲，面向现实问题、热点问题设计调研课题，并鼓励学生走出校门到基层和农村去开展深入调研。实践的过程是推进教师的科研和教学相结合的过程，有利于教师在实践中深入基层、了解中国现实情况，在实践中不断地发现问题，形成新的需要进一步探索和研究的问题。实践教学有利于推动教学、科研与社会服务的紧密结合，消除了教学与科研"两张皮"、教学科研与国家需要相脱节的现象，推动教师全身心地投入实践教学的组织和指导的全过程。同时，实践的过程是检验专题教学效果的过程，师生在经历实践、感悟实践、对照理论的过程中，可使课堂专题教学的内容在实践中得到检验。实践的过程还是专题教学素材积累的过程，实践调研中的素材和案例可以成为教师在开展专题教学时的重要资源。可以说，不断创新的实践教学模式成为专题教学的重要延伸。

第二节 以问题为导向，做深专题教学

思想政治理论课的本质是讲道理，要把道理讲深、讲透、讲活。在推进思想政治理论课专题教学的过程中，要突出问题导向，以社会热点、难点问题和学生关注的焦点、疑点问题为立足点来推进教师备课、设置专题内容、组织课堂讨论，以不断推进专题教学的内涵式发展。

一、专题教学是推动思想政治理论课教学内涵式发展的必然要求

习近平总书记在学校思想政治理论课教师座谈会上明确指出："推动思想政治理论课改革创新，要不断增强思政课的思想性、理论性和亲和力、针对性。"[1] 进入新时代，高校思想政治理论课教学也进入了内涵式发展阶段。内涵式发展要求推动思想政治理论课改革创新，代表着教学内容、教学方法、教学技巧的高质量发展，代表着思想政治理论课思想性、理论性、亲和力、针对性的不断增强。在推进高校思想政治理论课教学内涵式发展的过程中，构建以问题为导向的专题教学方式对提升思想政治理论课的教学效果有着重要意义。问题意识对于高校思想政治理论课教学有着"本体论、价值论和方法论上的重要意义"[2]，强调对重大理论和现实问题、学生思想实际问题、思想政治理论课教学过程问题的积极回应。

以问题为导向的专题教学是推动思想政治理论课教学内涵式发展的必然要求，"问题导向"主要体现在以下四个方面：

一是教学内容设置。着眼社会热点、难点问题和学生关注的焦点、疑点

---

[1] 用新时代中国特色社会主义思想铸魂育人 贯彻党的教育方针落实立德树人根本任务[N].人民日报，2019-03-19(1).

[2] 丁国浩.问题意识导向下的高校思想政治理论课教学研究[D].上海：上海大学，2014.

问题，从一系列问题出发来深入挖掘和分析学生喜爱的话题、亟待解决的问题，提升高校思想政治理论课教育教学的主体、过程和效果的内在契合性，更好地发挥思想政治理论课在立德树人当中的重要作用，以将思想政治理论课改革创新全面融入我国社会发展进程之中。并且，思想政治理论课不仅要关注学生的课程学习问题，还要关注学生的思想问题、生活需求，推动以"知识灌输"为主的教学模式向以"解决学生思想现实问题"为中心的教学模式转变，发挥思想政治理论课为学生答疑解惑的作用，才能增强思想政治理论课教学的说服力、感染力和吸引力。

二是教学专题选择。教师结合经济社会发展现实、面向经济社会发展现实、结合自身的科研与教学情况来挖掘专题教学的选题。思想政治理论课教师将教学工作建立在持续关注的主题上，有利于教师集中精力来围绕某个议题开展深入的研究、分析，形成具有特色的理论体系与思想观点，这将充实思想政治理论课的课程内容、提升教师备课的效率、有效地提高教学质量和效果。

三是专题讲座组织。这里主要是指"校内外专家进思政课堂"。我们聘请校内相关学科的教授和校外"马工程"专家、国内一流高校与科研机构的马克思主义理论及相关学科知名专家、教学名师以及从事实际工作的专业人士、模范人物等开展专题讲座，拓宽学生视野、打开社会窗口、增长学生见识，使学生获得理论与实践最前沿和最有力量的时代精品。这种着眼重大理论和实践问题、学生关注的热点问题来设计讲座主题，借助名家的深厚科研实力、熟悉学科前沿、丰富的教学经验与高超的教学能力等优势，可以开阔学生视野、激发学生兴趣，增强思想政治理论课的吸引力和穿透力。

四是教学方法的选择。在组织学生课堂讨论和自主学习交流的过程中，教师通过思想交流和互动，引导学生正确认识问题、化解疑点，注重用提问的方式激发学生思考、分析、探索，调动学生学习的积极性和自主性，培养学生自主学习的能力，使学生成为思想政治理论课的主角。在教学评价考察的环节中，着眼广受关注的理论问题、实践问题来设计课程考核形式，构建以发现问题形成创新思维为核心的能力评价体系，不断提升学生的理论素养和实践能力。

以上四点构成了以问题为导向的专题教学的范式体系，体现出新时代思想政治理论课教学实现内涵式发展的基本特征：其一，要始终坚持用马克思主义理论来指导实践、始终坚持中国共产党的领导，讲好、讲深、讲透科学的理论与方法；其二，始终将思想政治理论课的建设作为高校工作的重点，高度重视专题教学的效果；其三，要在思想政治理论课教育教学过程中充分树立以问题意识为导向的教学理念，坚持"以生为本"，从学生关注的社会问题、存在的思想问题出发来探索思想政治理论课改革创新；其四，要强调对重大理论和现实问题的积极回应，强调对学生的思想问题进行答疑解惑，形成有深度、有新意的专题内容；其五，要推进课堂教学、网络教学、实践教学方式方法的改革创新，推进有效率的教学方法与策略，培育有互动、有氛围的授课课堂；其六，要强调引导学生形成具有自主性、探究性、反思性、批判性的学习态度和策略，改变被动等待的学习方式。

二、目前思想政治理论课专题教学存在的主要问题

1. 专题设计的系统性、整体性不够

传统的教学模式主要是由一位教师依据教材进行面对面通讲，而专题教学则是围绕重大理论与实践问题来形成理论专题，由多个专题来构成整体课程，不同专题由不同的教师进行讲授。专题教学打破了原有的章节设计，保障了教师集中精力对某个专题进行持久研究，进而形成更加完备的知识体系、更好地讲授教学内容。但是，在专题教学的主题设置中也存在着一定挑战。在确定课程教学专题过程中，各个专题之间的逻辑关系是否彻底厘清、专题教学主题是否闭环形成一个系统，这些都是专题教学设计和推进中存在的问题。

2. 教学内容和方法较为僵化

教学内容以理论宣讲为主，教学方法以"灌输"为主。目前，在专题教学中存在着"文本本位"的倾向，即通常由教师围绕教材文本进行讲述，过分强调"灌输"，导致教学内容与方法存在僵化的问题。部分教师对思想政治理论课内容的领会和研究程度不深，缺乏深厚的知识储备和理论素养，因此只能运用教材解读、理论灌输的方式来组织教学。并且，专题式教学对于教师的科研水平、知识储备有着较高的要求，并非全体教师都能够完全胜任，这也影响了思想政治理论课教学效果。

3. 教学团队设置的科学性仍待提升

不同于传统教学模式，在专题教学中，每位教师并非负责教材全部内容的讲授工作。我们的方案是根据各教研部现有教师队伍情况来设置教学专题，安排若干个并行教学团队，并在每个教学团队中合理规划老中青教学梯队，设立教学团队组长，以学科带头人、课程带头人、教学组长为领衔人物，依托教改中心平台协同推进专题教学的开展。在专题任务分配中，每位教师负责其中自己擅长的专题。目前来看，教师数量不充足，部分教师可能会在不同的课程团队之中承担不同课程多个专题，所承担的授课任务量较大。

4. 教师间的互动交流不足

在授课过程中，团队教师应结合各自所负责的主题、讲述的具体内容来定期开展讨论，以更好地梳理课程基本脉络、呈现教材内容、减少授课内容重复，进而全面提升授课质量。但实际上可能会存在的情况是，因为不同专题由不同的教师进行讲授，教师之间仅仅在专题教学开始前的集体备课环节中交流较多，在日常授课过程中的沟通交流不足，团队的教师之间沟通平台不完善。

5. 师生联系不紧密

传统的思想政治理论课教学主要由同一位教师负责教材讲授、活动组织和考评考核。在传统的教学模式中，教师能够与学生有更多的相处机会，也能创造更好的师生沟通平台。当教师与学生建立起良好的关系时，思想政治理论课的亲和力、感染力和影响力也会随之提升，教师也能够更好地跟进学生的思想动态、帮助及时解决思想困惑。在专题教学中，不同教师负责不同教学内容，因此与学生接触的时间、机会大幅度减少，这也在一定程度上降低了师生联系的紧密度。

6. 课程考核机制仍待完善

在传统的教学模式中，教师全程跟进一门课程，即可以依据课程情况、学生特点来确定课程考核方法，并给予学生客观的评价。在专题教学中，因为有多位教师同时负责课程，所以如何对学生评分、由谁进行评分的规则必须随之发生改变。课程可选定一名任课教师做主要负责老师，负责学生平时的管理、考试成绩、课堂表现与出勤情况、小组汇报等方面。必须看到，因为主要负责的老师并未全程跟进每一堂课，所以可能存在评分不够客观、考核不够公平等问题。

三、做深专题教学，增强思想政治理论课教学的说服力

"三位一体"的教学改革增强了思想政治理论课的针对性和实效性，提升了吸引力和感染力。为了做深专题教学，可以从以下几个方面入手。

1. 充分运用网络平台，调动网络资源收集专题

首先，通过网络平台发放问卷和课前课后的师生互动向学生征集问题，不断地归类整理，开展教学设计和讨论，完善专题设计，强化问题意识和团队攻关，突出针对性，抓准关键问题；其次，借助网络教学等多种平台，加强师生互动，回应学生提出的问题，增强思想政治理论课的说服力和穿透力；最后，借助网络资源，全方位搜集思想政治理论课教学面对的重大理论和现实问题，丰富和完善专题式教学问题库，提升专题教学的时代感。

2. 实行问题导向式专题式课堂教学

抓住教材的重点、难点问题，聚焦学生关注的重大理论和现实问题，围绕学生的思想困惑进行深度讲解和启发引导。根据每门课程的教学要求，在深入剖析教材内容和重点、难点的基础上，结合学生关注的热点问题和思想困惑进行分析研究，对教学内容加以归类、提炼、升华，形成具有针对性的、系统化的教学专题，构成课堂教学内容的基本框架，实现教材体系向教学体系的转化。专题式教学具有不可替代的优势，即重在对课程内容的重点、难点问题进行深度讲解，吸收马克思主义理论及其中国化最新研究成果，运用生动的教学案例，深入回答学生关心的社会热点问题，帮助学生解开思想困惑、引导学生坚定中国特色社会主义理想信念，正确看待社会现实问题。2014年年底，厦门大学马克思主义学院各个教研室在集体备课的基础上，完成专题提炼、课程设计、大纲和教案撰写及排课计划。2015年春季开始，"毛泽东思想和中国特色社会主义理论体系概论"课程先行先试专题教学；2016年，四门本科生课和"形势与政策"课程全面推进专题式教学。这种建立在科研支撑和师生互动基础上的问题导向式的专题教学模式，使思想政治理论课课堂教学的吸引力得到明显增强。

3. 全面启动"校内外专家进思想政治理论课堂"活动，做深专题教学

截至 2023 年 11 月，"校内外专家进思想政治理论课堂"活动已邀请或聘请校内相关学科专家 187 人走进思想政治理论课堂讲授 546 场思政专题课，聘请校外"马工程"专家、一流高校和科研机构的马克思主义理论及相关学科知名专家、教学名师以及地方领导干部 133 人来校讲授 199 场思想政治理论课专题。专家授课的专题聚焦重大理论和现实问题，为学生答疑解惑，让学生能够"真懂"。专家们深入讲解和宣传马克思主义理论，阐释和宣传党的方针政策，让师生准确理解中国特色社会主义理论与实践。校内外专家授课的主题包括"中国特色社会主义道路与民族复兴中国梦""文化自信和中国道路""理想信念的理论支撑""大国治理与中国道路""中国传统价值观与当代价值观的构建""习近平治国理政风格与方法""当前马克思主义中国化的几个热点问题""我国反腐败的新阶段与新战略""大学生的文化自信与政治担当""牢牢掌握马克思主义的话语权""当前我国安全面临的主要问题及对策思考""世界社会主义五百年"等。不少专家还专门针对青年学生的关注焦点开设专题，如"当前意识形态领域的形势与任务""大学使命与当代中国价值观念的构建""党的领导核心权威的历史考察"等讲座。"校内外专家进思想政治理论课堂"活动得到了师生和社会各界的认可。2017 学年，厦门大学马克思主义学院利用网络教学平台进行了本学期厦门大学思想政治理论课教学现状的问卷调查，调查显示，学生对专题教学认可度为 90.64%，学生对以问题为导向的校内外专家进思想政治理论课堂活动表示高度认可。他们说："专家进课堂开阔了学生的思路和视野，引导我们深入思考重要的理论和现实问题。"

4. 与教师的学术积累、科研课题相结合，做强专题教学

着眼马克思主义理论学科的发展前沿，引领教师结合经济社会发展现实问题来把握学科前沿、夯实理论基础，引导教师深入开展学术研究，将学术积累、科研课题作为选择教学专题的一个重要条件，把专题教学建立在理论联系实际的基础之上。将教师的科研活动与专题教学相结合，既激活了思想政治理论课课堂，也能够极大地增强教师的科研实力、理论素质。到 2023 年，厦门大学马克思主义学院教师所获各级教学课题立项数共 175 项；教师发表思想政治理论课教育教学论文97篇；思政教师参加各类教学技能比赛并获奖60项，各级教学成果获奖133项，获得国家级思政精品项目、国家社科基金思政专项、教育部高校示范项目、高校思想政治理论课教学教法"择优推广"项目等50多项。学院教师在全国高校思想政治教育中发挥着越来越重要的作用，现有入选教育部思想政治教育中青年杰出人才支持计划1人、全国高校优秀中青年思政理论课教师择优资助计划1人、教育部高校思想政治理论课教师年度影响力人物2人、全国高校思想政治理论课教学标兵1人，获批国家级思想政治理论课教学名师工作室1个、福建省高校思想政治理论课教学名师工作室2个。

此外，以问题为导向的专题教学模式，也极大提升了教师针对社会现实问题的咨政服务能力。厦门大学马克思主义学院教师向国务院扶贫办（今国家乡村振兴局）、国家林业局（今国家林业和草原局）、政协全国委员会办公厅、福建省委办公厅等省部级机构提供有关中国发展道路的咨政报告。除了咨政报告，学院教师主动响应地方政府、企事业单位的发展需要，积极承担横向课题，还借助与地方合作共建思想政治理论课实践教学基地的机会，不断承接来自国家和地方关注的重大现实问题的科研项目。借助问题导向式专题这一改革的核心环节，马克思主义学院教师在高校教书育人、科学研究与智力输出方面做了有益的探索和贡献。通过专题教学与教师科研基础的结合，思想政治理论课教师在理论宣传、理论教育和干部培训等方面的参与度不断提升。目前，学院拥有一批社会认可度高的优秀理论报告员，包括福建省党的二十大精神教育系统宣讲团成员、厦门市鹭江讲坛主讲人等，他们为政府部门、企事业单位和学校开展习近平新时代中国特色社会主义思想以及党的创新理论的宣传宣讲，获得"福建省基层理论宣讲先进个人"等称号。

5. 以问题为导向来组织学生展开讨论式学习

专题教学以问题为导向，组织学生展开讨论。这种教学方式注意调动学生学习的积极性和自主性，注重课堂互动，通过思想交流和互动，引导学生正确认识问题、化解疑点。在课堂中，教师注重结合社会热点、难点问题以及学生关注的焦点问题，注重用提问的方式来激发学生思考、分析、探索，调动学生学习的积极性和自主性。在教学评价考察的环节中，突出问题意识，着眼学生关注的理论问题、实践问题来编制试卷，引导学生从社会现实问题出发来撰写论文，不断提升学生的理论素养和实践能力。在厦门大学推进以问题为导向的专题教学的过程中，学生的学习能力、创新能力和服务社会的能力都得到了较大提升。从专题教学的专题中提炼出来的多项专题调研报告参加"挑战杯"大学生课外学术科技作品竞赛，其中《土地流转、农民权益与新型经营主体：在流转中实现共赢——河南鄢陵模式探析》在荣获大学生"挑战杯"省赛特等奖之后又荣获全国"挑战杯"大赛特等奖，《"新乡贤"与乡村治理能力的提升——湖北省恩施州"村医村教进两委"基层体制改革调查》获得全国"挑战杯"大赛二等奖，《两权抵押与多户联保：在风险控制中推进普惠金融——宁德市金融扶贫探析》获得全国"挑战杯"大赛三等奖。依托实践教学形成的"农民之子"理论社团被团中央等部门评选为"全国百佳大学生理论学习社团"，学生撰写的调研报告也被评为"全国百篇大学生优秀理论成果文章"。在此基础上，厦门大学马克思主义学院积极申报了省级"习近平治国理政读书社""习近平新时代中国特色社会主义思想读书社""马列经典著作读书社"，为提升学生的思想理论水平开辟了新平台。

第三节　注重新技术应用，做新网络教学

网络教学指依托网络技术、运用多媒体来实现教学目标的一种教学方式。2015年7月，中宣部、教育部印发的《普通高校思想政治理论课建设体系创新计划》指出，要"注重发挥教与学两个积极性，形成第一课堂与第二课堂、理论教学与实践教学、课堂教学与网络教学相互支撑，理念手段先进、方式方法多样、组织管理高效的思想政治理论课教学体系"。[①] 习近平总书记在2016年12月召开的全国高校思想政治工作会议中指出："要运用新媒体新技术使工作活起来，推动思想政治工作传统优势同信息技术高度融合，增强时

[①] 中央宣传部　教育部关于印发《普通高校思想政治理论课建设体系创新计划》的通知[EB/OL].[2023-07-30].http://www.moe.gov.cn/srcsite/A13/moe_772/201508/t20150811_199379.html.

代感和吸引力。"①实行思想政治理论课网络课程教学是一种适应时代要求的必然的发展趋势,是信息化时代学生信息素养提高的现代性需求,是一种增强思想政治理论课教学实效性的新的教育手段,是推动传统教学向现代教学转变的重要途径。"三位一体"思想政治理论课教学改革高度重视网络教学,制定了网络教学规范、开发了网络课程系统、积累了网络教学资源、提升了教学效果。

一、开展网络教学是思想政治理论课发展的时代要求

(一)教学信息化的时代要求

科学技术的发展和信息化时代的到来深刻地改变着我们的生产和生活方式,互联网以其即时性、公共性、交互性替代了传统的传播方式,将单向传播转变为双向传播,掀起了人类传播方式的空前革命,开启了人类社会的信息时代。网络为传播信息提供了便利,网络拉近了人们彼此之间的距离,也更多地实现了信息和资源共享。通过互联网开展学习已成为一种重要的学习方式,人们不再拘泥于传统的学习载体,可以通过互联网以及各类媒体平台,随时随地了解来自世界各地的讯息和动态。利用互联网和多媒体技术进行教学已然成为教学方法改革的重要渠道,教学方式的信息化已经成为信息化时代下教学发展的一种常态。学习者可以通过手机、平板电脑、手提电脑等工具以及公开课、TED、慕课、微课、学习强国等平台开展日常学习。为了适应发展趋势,跟上时代发展的步伐,思想政治理论课也要将信息网络技术与教学相结合,实行网络课程教学。2022年,教育部等十个部门联合印发了《全面推进"大思政课"建设的工作方案》,提出要建设全国高校思政课教研系统,包括教育部的"全国高校思政课教师网络集体备课平台"网络支持系统、"青梨派"大学生自主学习系统、高校思政课教学创新中心资源开发系统、高校思政课教学指导委员会指导审核评估系统、高校思政课教师基础数据系统、高校思政课教师研修培训系统等,并推动各个系统共建共享,实现

---

① 把思想政治工作贯穿教育教学全过程 开创我国高等教育事业发展新局面[N].人民日报,2016-12-09(1).

思想政治理论课教学全面覆盖各级各类高校。① 可以说，网络教学是适应教学信息化发展需要的重要模式，有利于学生借助网络资源库及时了解社会最新发展动态、把握时代前沿问题。

（二）教学对象信息素养不断提高的现实要求

当今社会，网络已经成为人们获取信息、学习、交流、娱乐的一种重要平台和载体。数字化网络全覆盖为"90后""00后"青年大学生带来极大的学习便利，网上所谓高维度认知、反差式观点、颠覆性理念层出不穷，其本质在于知识面更广、信息交互更快、问题穿透力更强等。网络上的信息与资源已经成为塑造青年学生世界观、人生观、价值观的重要渠道，深刻地影响了青年人对社会问题的观点与看法。随着青年学生的信息素养不断提高，学生的自主学习能力、创造性学习能力都有所提升，也逐步形成了适应网络学习的思考方式与行为习惯。因此，在高校推进思想政治理论课的网络教学，顺应了青年学生学习现代网络技术的现实需求，也适应了青年学生对自主开展学习、独立思考和解决问题的发展需要。

（三）提高教学实效性的迫切要求

传统的面对面授课的方式固然有其自身的优势，有利于教师直接地与学生进行沟通、及时解答课程问题，但传统的教学方式也存在不可避免的弊端，包括：教学过程中教师占据主体地位，主要由教师来讲述课程内容，学生的参与度不高；授课过程以填鸭式和灌输式为主，抑制了学生学习的积极性，不能充分发挥学生的主体性；课堂时间有限，能够传递给学生的信息量有限。为了弥补传统教学存在的不足，进一步提高思想政治理论课教学的实效性，思想政治理论课教学必须实现方法、内容、形式上的全方位多角度创新，既符合培养党和人民需要的社会主义建设者和接班人的要求，又顺应大数据时代的青年化潮流。网络课程教学因其自身的优势，对提高思想政治理论课教学实效性发挥着独特的作用。首先，网络课程教学突破了时空限制。传统思想政治理论课堂的教学时间有限，往往不能解决全部学生的问题，且

---

① 教育部等十部门关于印发《全面推进"大思政课"建设的工作方案》的通知[EB/OL]. [2023-07-25].http://www.gov.cn/zhengce/zhengceku/2022-08/24/content_5706623.htm.

教师无法随时与学生保持联系，难以及时解决学生的问题。相比之下，网络教学借助其所具有的及时、便捷、信息量大等优势，为学生提供了课下自主学习的资源库和师生随时互动交流的平台。学生发现自己有思想困惑、知识短板，都可以在网络教学资源库、网络教学平台中解决，或通过网络平台和教师进行交流。其次，网络课程教学提升了学生的主体性。在传统的思想政治理论课教学中，多由教师单方面进行讲授，而学生多被动听课，缺少思考与总结。相比之下，在网络课程之中，教师不再主导学生学习，而是成为幕后人员，学生可以根据自身的特点来安排和推进学习，自由地探索真理、寻求答案。最后，网络课程教学的趣味性较强，有利于提升思想政治理论课的吸引力。"用好数字化技术，能够使'大思政课'课堂真正大起来、视野真正宽起来、内容真正活起来。"[1]网络课程超越了传统教学的教师、教材、黑板的平面化教学方式，利用网络和信息技术建立起了立体化的教学方式，形成了视频、音频、课件、网站等立体化教学平台和资源，使得单调枯燥的传统教学变得丰富生动、有吸引力。

二、当前思想政治理论课网络教学存在的问题

思想政治理论课常改常新，这些年来，我们不断采用新技术提升教学效果，但综合起来看，当前思想政治理论课网络教学还存在着诸多挑战：

（一）网络平台建设不够完善

网络教学需要有强大的平台作为支撑，才能够保障网络教学过程流畅、资料库丰富。整体来看，思想政治理论课的网络教学平台普遍存在设计单一化、缺乏特色和吸引力的问题。目前大多数平台都采用网页形式，将课程内容简单堆砌到平台上，相关内容也以文字资料的呈现为主，缺乏对网页编排设计的创新。这使得教师、学生之间互动交流频率受限。并且，思想政治理论课网络教学平台主要包括全国统一的平台或高校自行开发的平台。全国统一的教学平台是针对全国各地高校所开发的，所包含的内容可能缺乏针对性，学生可能会有"吃不饱""不解渴"的问题。而高校自行开发的平台则可能存

---

[1] 岳修峰.数字化赋能"大思政课"[N].人民日报，2022-07-15(5).

在页面与功能设计不够合理、网页浏览不够顺畅等问题。

（二）师生面对面交流受影响

网络平台为提升学生学习的积极性和主动性，增加师生交流互动的机会提供了便利，有利于随时、及时解决问题。但是，从厦门大学推进网络课程教学的具体情况来看，在网络教学中存在着师生互动较少的问题。网络教学中师生互动偏少的背后存在着诸多原因：其一，学生在思想政治理论课课堂中养成被动接受的习惯。传统面对面的教学模式以教师的灌输为主，学生在课堂上往往处于全程听讲的被动接受状态，较少积极主动地参与问答环节。其二，教师对于网络技术的运用尚未熟练，导致不能充分利用网络课程教学平台的互动交流板块，教师也较难调动学生在网络教学中的热情和积极性。

（三）网络教学资源缺乏吸引力

目前来看，网络教学资源缺乏足够的吸引力，学生浏览思想政治理论课网络课程教学资源的次数较少，具体原因包括以下几个方面：一是网络教学资源分类不科学，学生查找困难。互联网所提供的平台积累并呈现了丰富的教学资源，为学生提供了多元化的学习平台。但是，由于信息量大，学生往往遇到甄别和筛选困难的问题。二是网络平台复杂，教师操作困难。目前，思想政治理论课的网络平台众多，每个平台都拥有不同的系统、界面。并且，互联网上的资源类型多样，难以进行有效分类。复杂的网络资源和系统操作可能会影响教师整理信息的效率和效度。三是资源内容陈旧，吸引力不足。在互联网时代，一些思想政治理论课网络教学平台上的资源并未随着时代发展而更新，平台上的部分信息陈旧、缺乏新意。部分平台缺乏专人来维护，不能及时补充、丰富和更新相关信息，内容滞后性较大，因而也无法满足学生对新思想、新问题的探索渴望，对学生的吸引力不足。在这种情况下，网络课程教学资源则往往成为摆设，无法发挥实质作用。四是网络资源碎片化问题。目前，思想政治理论课网络教学资源的系统性、整体性不足，各门课程所运用的网络资源呈现出碎片化倾向，这也从一定程度上影响了网络课程建设和使用的质量。

（四）教师对网络教学平台应用的能力仍待提高

在"互联网+教育"模式蓬勃发展的背景下，教育部在2018年颁布了《教育信息化2.0行动计划》，提出"教师信息技术应用能力基本具备但信息化教学创新能力尚显不足，信息技术与学科教学深度融合不够"①。目前来看，高校思想政治理论课教师已经具备了一定的信息素养，但是部分教师对网络教学的观念认识、操作方法、内在规律仍不熟悉，尚未充分熟练运用各类网络教学平台、未能充分挖掘网络资源的育人功能，对思想政治理论课网络资源的筛选、统筹能力仍待提升。

三、做新网络课程，发挥新技术平台的重要作用

当前时代，在一定程度上，谁赢得了互联网，谁就赢得了青年。信息化时代思想政治理论课要善于运用新媒体新技术，推动思想政治理论课教学同信息技术高度融合，增强思想政治理论课的时代感和吸引力。面对"互联网+"的时代背景，思想政治理论课的网络化改革势在必行。厦门大学马克思主义学院自2014年起，建设网络教学平台，将网络教学与课堂教学相结合，将网络教学放置于"三位一体"教学模式中的前置性环节。网络教学通过引导学生开展自主学习，先解决部分知识性内容，旨在帮助学生完成思想政治理论课知识性内容的学习，为专题教学扫清障碍，提升专题教学的效果与效率。

在网络教学的改革过程中，我们主要开展了以下工作：在思想政治理论课教学平台建设方面，学院与学校有关部门积极配合，适时改进网络操作等技术层面的工作，不断完善网络平台的软硬件条件；专人负责定期更新和充实网络教学资料，加强对学生开展自主性、探索性学习的引导；科学设置网络平台的教学内容，按照教材体系制作网络教学课件，引导学生阅读教材；定期更新教学案例和辅助阅读材料，帮助学生拓宽视野，深入理解教材的知识；开辟学生网上讨论、师生互动空间以及网络答疑平台，通过相互交流和答疑解惑，帮助学生全面掌握教材内容；开辟网上测试和互动交流空间，及

---

① 教育部关于印发《教育信息化2.0行动计划》的通知[EB/OL].[2023-01-20].http://www.moe.gov.cn/srcsite/A16/s3342/201804/t20180425_334188.html.

时检测学生对前置知识的掌握程度;建立教研部的沟通平台,推动教师集体备课、集体讨论,逐步建立教研部的团队协同工作机制;通过推进优质网络教学资源建设,实行不同学科的资源共享,进一步探索易班、中国大学MOOC(慕课)网络平台,助力课堂教学。

2015年,"马克思主义基本原理概论""毛泽东思想和中国特色社会主义理论体系概论""中国近现代史纲要""思想道德修养与法律基础"这四门网络示范课程全部完成建设工作。马克思主义学院负责将课程内容、课程课件、教学案例、课程示范及师生互动空间等系列网络资源全部上网,组织在全校开展网络教学试运行。目前,厦门大学主要运用的思想政治理论课网络教学平台包括厦大课程中心网(清华在线平台)、"课堂派"、学习强国、"云上大思政课"以及易班等,学生学习积极性不断提升,成效具体表现在以下几个方面:

(一)推进教学形式的改革创新

传统的教学模式以教师课上讲授为主,缺乏师生互动和学生参与,因此教学模式较为单一。信息化大数据时代,传统的教学模式已经不能适应时代发展需求。在思想政治理论课网络教学改革的推进过程中,依托网络教学和专题教学的充分融合,可以实现网络课堂和传统课堂相融合的混合式、多元化学习模式。学生不仅可以在课堂上进行学习,而且可以在网络平台上查看课件;学生不仅可以听教师讲课,还能够通过网络资源来开展学习、通过在线题目来检验自己的学习成果;教师的教学也不仅限于课堂讲授,而且可以通过发布课程作业、上传阅读材料、回答学生问题等方式进行教学。教师能够共同使用教学资源平台,共享权威的、最新的课件、讲义、教案等素材,极大地提升了思想政治理论课备课的效率与质量。依托网络建立的思想政治理论课教学模式,改变了传统课堂教学的单向灌输、刻板灌输的方式,提升了思想政治理论课学习的趣味性,激发了学生学习的积极性,有利于培养学生自主学习、创新学习的基本能力。

(二)搭建师生互动交流的"云平台"

在传统的思想政治理论课教学中,师生之间的沟通交流通常只能面对面进行，学生不能随时随地与教师开展交流。网络教学平台的建立极大地改变了师生互动模式，教师可以将上课所用的资料上传到教学资源库，以方便学生查阅。学生在学习中有了困惑，可以直接在网络教学综合平台上记录问题、提出问题，教师也能够通过网络与学生开展讨论，为学生提供全方位的指导。网络教学平台的搭建和运用，优化了师生互动、生生互动的载体。

（三）激发学生学习的自主性、探索性和针对性

互联网的蓬勃发展要求高校不断推进思想政治理论课教学的改革创新。互联网的发展为学生提供了展示交流的自由、言论的自由和表达的自由，互联网所创造的自由状态充分调动了大学生交流的积极性、学习的主动性和创造性，使大学生从之前的被动学习转变为积极主动参与，从而使得突出学生主体性、探索性学习成为可能。思想政治理论课网络教学充分采纳了"以学生为中心"的教学理念，不仅在教学内容设计、教学方法选择上都充分考虑了学生的兴趣点，而且能够收集学生意见并将其全面地融入课程内容设计、课程教学方法选择之中。互联网提供了让学生自主学习思想政治理论课的平台、资源、机制、氛围、环境，有利于学生依据自身情况来分配学习时间、探索高效的学习策略。

高校思想政治理论课的授课方式以"大班教学"为主，通常是100名左右学生集中在一个教室上课。大班式教学通常由一位或多位教师负责授课，课程内容和进度的设计都是按照整体计划推进，无法兼顾每个学生对授课内容的接受程度，也无法有针对性地解决学生的思想困惑与知识疑点。互联网在赋予学生学习自主性的基础上，能够在很大程度上推动学生根据自身的情况和特点开展探索性学习，有针对性地弥补自身的知识漏洞。近年来，教育部在全国大力推进"青梨派"大学生自主学习系统、易班、慕课等平台的建设，动态地收集学生关注的问题和思想理论困惑，定期更新资源库中的课件、资料，打造思想政治理论课的大平台，以逐步提升学生学习的自主性、探索性和针对性。

第四节　强化认同教育，做实实践教学

实践的观点是马克思主义哲学首要的基本观点。马克思、恩格斯认为，实践是人类认识世界、改造世界的立足点，是人类实现自身价值、创造社会财富的基础。实践育人是马克思主义实践观在高等教育领域的直接运用。党的十九大报告明确指出："要全面贯彻党的教育方针，落实立德树人根本任务，发展素质教育，推进教育公平，培养德智体美全面发展的社会主义建设者和接班人。"①2012年初，教育部等部门联合下发了《关于进一步加强高校实践育人工作的若干意见》，对加强高校实践育人工作提出了具体要求。2020年，中共中央宣传部、教育部印发《新时代学校思想政治理论课改革创新实施方案》，提出各高校要规范实践教学，把思想政治教育有机融入社会实践、志愿服务、实习实训等活动中，切实提高实践教学实效。2022年，教育部等十部门印发了《全面推进"大思政课"建设的工作方案》，提出要善用社会大课堂，包括构建实践教学工作体系、落实思政课实践教学学时学分、组织开展多样化的实践教学、建好用好实践教学基地。可以说，思想政治理论课是高校实践育人的重要平台，对坚定大学生的理想信念、增强大学生服务国家与人民的社会责任感、培养创新人才和建设创新型国家的意义重大。

一、开展实践育人有利于提高思想政治理论课教学的实效性

高校思想政治理论课是培育社会主义事业接班人的重要平台，实践教学是推进思想政治理论课高质量发展的重要渠道。精彩的思想政治理论课不是干巴巴的理论宣讲，而是通过社会生活的熔炉来彰显现实生活的底色。面对鲜活的社会现实，高校思想政治理论课必须紧密联系社会实践，不断提升思想政治理论课教学的实效性。以实践教学为切入点全面推进思想政治理论课

---

① 习近平.习近平著作选读：第2卷[M].北京：人民出版社，2023：37.

建设，是当前高校思想政治理论课改革创新亟待加强探索的重大课题。

首先，教师只有把教学科研与社会实践紧密结合，才能更好地发挥思想政治理论课的育人功能。高校思想政治理论课必须着眼社会现实问题、直面焦点问题，才能深化学生对专题教学内容的理解、提高专题教学的说服力。自2005年中宣部、教育部下发《关于进一步加强和改进高等学校思想政治理论课的意见》及《〈关于进一步加强和改进高等学校思想政治理论课的意见〉实施方案》后，高校马克思主义理论和思想政治教育学科建设得到进一步加强，思想政治理论课教师有了更高起点的教学科研平台，焕发出教学科研结合相得益彰的勃勃生机。然而，如何结合社会实践开展科研工作，是摆在思想政治理论课教师面前的一个重大课题。科学研究必须有"真"问题意识，才能说服人，正如马克思所说："理论只要说服人，就能掌握群众；而理论只要彻底，就能说服人。所谓彻底，就是抓住事物的根本。"[①] 这里的关键是"抓住事物的根本"，而抓住根本的要义就是社会实践，就是源自对实践的认知。思想政治理论课教师将理论研究与社会实践结合起来，就能提高理论的说服力和实效性，充分发挥思想政治理论课的育人功能。

其次，学生只有把课本知识与社会实践紧密结合，才能将理论认同转化为政治认同。要使理论观点真正融入思想体系、内化为理想信念，青年学生的理论学习不能局限在书本中、课堂中，必须积极地参与实践活动，通过实践的验证和充实来形成自身的思想观点与价值判断。当前，高校思想政治理论课的教学存在与社会实践相脱离的现象，这也导致了部分学生脱离经济社会发展现实、缺乏分析和解决实际问题的能力、对中国共产党的领导和中国特色社会主义制度缺乏认同感，甚至出现政治信仰迷茫、理想信念模糊等问题。列宁曾说："培养共产主义青年，决不是向他们灌输关于道德的各种美丽动听的言词和准则。……训练、培养和教育要是只限于学校以内，而与沸腾的实际生活脱离，那我们是不会信赖的。"[②] 毛泽东也曾指出："你要有知识，你就得参加变革现实的实践。你要知道梨子的滋味，你就得变革梨子，亲口吃一吃。"[③] 由此可知，实践是理论认同通向政治认同的重要环节，实践教学对

---

① 马克思恩格斯选集：第1卷[M].北京：人民出版社，2012：9-10.
② 列宁选集：第4卷[M].北京：人民出版社，1996：292.
③ 毛泽东选集：第1卷[M].北京：人民出版社，1991：287.

提升青年学生的政治认同具有重要作用。举办多样化的实践教学活动，推动学生积极参与志愿服务、社会调研、理论宣讲、专业实习等活动，有利于全面提升社会主义建设创新人才的培养质量。

二、做好思想政治理论课实践育人工作必须认识的几个问题

近年来，全国各地高校积极构建实践教学工作体系、组织多样化的实践教学活动、建好用好实践教学基地，不断完善思想政治理论课实践教学的工作机制，有效地提升了思想政治理论课教学质量与效果。但必须看到，实践教学是高校思想政治理论课发展所面临的难点问题。目前，实践教学的一些普遍性问题包括：教学流于形式、组织不规范、参与不广泛、形式单一化、保障机制不健全等。所以提升实践教学质量是当前思想政治理论课教学中亟待解决的重点问题，我们认为做好实践育人工作必须充分认识以下几个问题：

（一）实践育人必须做到手段与目的高度统一

目前，高校思想政治理论课实践育人活动开展得如火如荼，形式丰富多样，主要内容包括集体参观红色革命老区、考察社会主义新农村、走访少数民族和边疆地区等，大多进行调查研究，撰写调查报告，或者是学生配合社会和学校的宣传活动进行公益活动策划、开展义卖活动和志愿者服务等。这些实践项目从形式上极大地丰富了课堂教学内容，延伸了第一课堂，也极大地锻炼了学生的工作能力。但是，一些高校仅仅把实践育人环节作为提升学生实践能力的手段，把实践育人的目的定位为教会学生"怎么做"，这是不全面的，应当告知学生"为什么做"以及"做的是什么"这样的深层次问题。实践育人不仅是手段，同时也是目的。实践育人的主要目标在于通过实践教育活动，帮助学生将获得的理论知识转化为实践能力。学生的实践能力主要包括：实践动手能力、解决实际问题的能力、适应社会的能力、团结合作的能力、自主创新创业的能力等。可以说，实践育人的手段和目的是高度统一的，不仅包括了受教育者要具备技术能力的要求，也涵盖了受教育者的品行素质社会化的过程。

(二)实践育人必须与理论教学相辅相成

实践育人是将知识转化为能力、精神、品格的必由之路和根本途径,是人才成长的决定性因素。"我国各地的教育实践也证明,大学生只有在社会实践中才能了解社会,融入社会,增强社会责任感;只有在社会实践中才能巩固、检验、掌握所学理论知识;只有在社会实践中才能面对各种困难,积极运用所学理论知识,增强解决实际问题的能力。"[①]实践教育是一种独特的育人途径和方式。那么,实践育人与传统的理论教学之间关系应如何把握?有些高校把实践育人与理论教学截然分开,没有将实践教学纳入教学设置和管理,把实践教学作为完全独立的部分并安排在理论教学之余,所涉内容与理论教学完全分离;反之,有些高校把实践育人功能和价值摆在较高位置,片面强调实践教学活动,通过压缩理论教学内容、减少理论教学课时、弱化理论教学手段来突出和强化实践教学,将实践育人功能扩大化。这些做法,都割裂了理论教学与实践育人的辩证关系,严重影响了学生掌握知识、解决问题的能力及自身综合素质和创新能力的提高。究其原因,是没有认识到实践育人与理论育人在高校人才培养中互为依靠、互为条件、不可替代的相辅相成关系。实践育人与理论育人是一个统一体,而不是二元对立关系,两者在育人中发挥着整体作用,相互融合在一起共同实现育人的目的。

(三)实践育人必须做到分工合作与统筹安排有机结合

多年来,高校组织学生进行社会实践育人活动的部门,主要包括校学生处、校团委、各院系学生班级和思想政治理论教学部门,由于实践育人的目的和功能一致,开展的活动的异质性不强,此外,校内实践教学资源、基地、平台多为思想政治理论课教学机构、学工部、校团委、专业院系等学生管理机构分别拥有,缺乏统筹协调,校内现有的实践教学资源难以得到整合利用。目前,要着力解决好思想政治理论课实践教学中长期存在的教学资源主体多元化、占有分散、活动要素交叉重复、教学资源短缺、闲置浪费、低效使用的问题,推动思想政治理论课教学机构与学校各相关部门既分工又合作,统

---

① 申纪云.高校实践育人的深度思考[J].中国高等教育,2012(Z2):11-14.

筹安排资源与平台，形成实践育人的强大合力，只有这样才能推动高校思想政治理论课实践教学实现可持续发展。

三、做强实践育人，培养创新人才

"三位一体"思想政治理论课教学改革高度重视实践教学的开展以及实践教学的专题化进程。厦门大学从本科生思想政治理论必修课的学分中，划出学分用于实践教学，并使每门思想政治理论课的实践教学覆盖到修读该课程的每一位本科生。截至2022年年底，厦门大学有8.2万余名学生受益于思想政治理论课题组研究式实践教学，师生共建的课题组一起完成2000多万字的调研报告并收集了大量的图片、视频、档案等资料。为做好做强实践教学，2014年，厦门大学在学校层面成立了思想政治理论课实践教学领导小组，下设实践教学中心，统筹和组织管理思想政治理论课的实践教学，并安排专人负责实践教学的组织协调工作。马克思主义学院联合教务处、研究生院、学生工作（部）处、校团委等部门共同推进思想政治理论课实践教学工作，初步形成了实践教学育人机制。学院积极筹建稳定的思想政治理论课实践教学基地，有效连接教师教学、科研和学生的培养环节。

在实践教学改革工作中，厦门大学逐步形成了独具特色的"4+1"模式，既在四门思想政治理论课推进随堂进行的实践教学活动，又在每学年的第三学期和暑期专门组织一轮深入的思想政治理论课实践教学活动。厦门大学的实践教学活动的特色在于以下方面：一是走出学校所在地，奔赴全国多个省份，到最能使学生受到教育和锻炼的地方，让学生得到最大的收获。二是在思想政治理论课教学大纲的基础上结合实践教学的目的，结合学院立项的各级课题和国家及地方战略需求，设计调研课题，力求使实践调研更加深入现实、触摸到国家和社会的深层脉动，使学生在深入的调研中深刻体认中国特色社会主义的"特色"所在，从而深刻认同这一道路、理论和制度，增强自信。三是推动了教学、科研与社会服务的紧密结合，起到了推进教学、科研、社会服务三者相互促进的学院办学模式的载体作用。教学、科研与社会服务的紧密结合，消除了教学与科研"两张皮"以及科研工作与国家需要相脱节的现象，极大地调动了教师的积极性，教师能够全身心地投入实践教学的组织和指导等全过程，同学们也在课题调研过程中提高科研能力、实践能力和创新能力。

经过多年的工作推进,实践教学改革取得了显著成效。截至目前,已有30篇思想政治理论课实践教学成果作为咨政报告获得省部级及以上领导批示或被采纳;思想政治理论课实践教学成果多次荣获全国大学生挑战杯大赛特等奖励,已出版《中西部山区扶贫之路:恩施的经验》(上)(中国社会科学出版社2016年版)、《发现中国农村——大学生视野中的"三农"问题》(中国社会科学出版社2016年版)、《中国林改村庄观察报告》(中国社会科学出版社2016年版)、《农业治理转型与土地流转模式绩效分析》(中国社会科学出版社2016年版)、《农村集体林权制度改革中的金融支持制度实施及绩效评估》(中国社会科学出版社2016年版)、《乡村百年:历史文化名村浦源》(厦门大学出版社2018年版)、《乡村百年:档案中的永定近代社会生活》(厦门大学出版社2020年版)、《苍南农村民俗的生态与功能》(团结出版社2018年版)、《精准扶贫的"宁德模式"》(厦门大学出版社2019年版)、《全面深化改革背景下的中国农村发展道路研究》(厦门大学出版社2019年版)、《德治与法治相结合的社会治理情况调查》(厦门大学出版社2019年版)、《绿梦成真——中国特色社会主义生态文明建设之长汀模式》(厦门大学出版社2021年版)、《脱贫攻坚的福建实践研究》(厦门大学出版社2022年版)、《闽东抗日战争档案史料》第1~10辑(厦门大学出版社2015—2021年版)、"乡村振兴实践研究丛书"(5册)(鹭江出版社2021年版)、"中国贫困治理研究丛书"4册(鹭江出版社2022年版)等调研成果。已经与江苏省南京市江宁区委组织部、福建省龙岩市发改委、宁德市委宣传部等单位共建了25个思想政治理论课实践教学基地和160多个实践教学点。经过学院全体师生多年努力,已形成了70多个实践教学课题。目前,厦门大学马克思主义学院结合科研发展主线特别是以中国农村发展道路为研究重点,培育了10多个长期研究的课题,组建了10个骨干教师和学科带头人负责的实践团队。实践教学的覆盖面之广、调研之深入、成果之丰硕,走在全国同行前列。2016年,在全国高校思想政治工作会议召开期间,新华社刊发了题为《党的十八大以来加强高校思想政治工作纪实》的通讯,其中专门报道了厦门大学拿出专门学分作为实践学分,要求所有学生参加社会实践的工作内容。

厦门大学的思想政治理论课实践教学改革取得了一定成绩,也为各高校推

进相关工作提供了借鉴。要继续推进实践教学改革创新,还必须注意以下几点:

(一)以实践育人的全新理念统领高校人才培养

实践育人是现代教育理念、教育模式、教育实践的统一,是高等学校创新型人才培养体系的有机组成部分。高校要转变理念,充分认识思想政治理论课实践育人对培养创新人才的重要作用,把思想政治理论课实践育人的相关工作提高到建设创新型国家的高度加以重视,加快建设思想政治理论课实践教学平台,激发学生的实践激情,提高学生解决实际问题的能力。转变理念,即要实现三个转变:一是转变高等教育为学生的就业与职业发展服务的教育目的观,要充分重视思想政治理论课对学生成才的重要作用,树立为社会主义现代化建设事业培养全面发展的、具有实践与创新能力的高级专门人才的教育目的观。二是转变以课程考试成绩等作为唯一标准衡量学生、教师和学校的教育质量观,切实发挥思想政治理论课教育教学功能,树立以学生综合素质和实践能力全面提高、个性特长和创新潜能充分发挥为综合评价标准的教育质量观。三是转变重知识轻能力、重理论轻实践、重课内轻课外的以书本、课堂和教师为中心的传统教学观,大力支持思想政治理论课实践教学工作,树立知识与能力并重、理论与实践结合、教书与育人统一、课内与课外衔接的注重培养学生实践能力、创新能力和社会适应能力的现代教学观。只有以实践育人的全新理念统领高校人才培养,切实重视思想政治理论课实践育人的功能,才能在学校形成教学科研与社会结合、与生产结合的良好氛围,使高校真正成为培养建设中国特色社会主义创新人才的坚实基地。

(二)将实践育人融会贯通于日常教学活动中

"高校要坚持把社会主义核心价值体系融入实践育人工作全过程,把实践育人工作摆在人才培养的重要位置,纳入学校教学计划,系统设计实践育人教育教学体系,规定相应学时学分,合理增加实践课时,确保实践育人工作全面开展。"[①]在推进实践育人工作中,学校必须把思想政治理论课的社会实践活动纳入正规的教学计划,把社会实践经费纳入人才培养成本,把学生参加

---

① 教育部等部门关于进一步加强高校实践育人工作的若干意见[EB/OL].[2023-02-22].http://www.moe.gov.cn/srcsite/A12/moe_1407/s6870/201201/t20120110_142870.html.

社会实践纳入必修课之中，为学生参加社会实践活动制订严密科学的教学实践计划，提出相应的教学大纲，明确实践时间、任务、目的和要求。要积极探索学生参加思想政治理论课社会实践获得学分的工作思路，做到前期有计划、中期有指导、后期有总结，规定学生参与社会实践的学时学分。要在整个教育过程中突出思想政治教育的实践属性，促使学生在接受实践教育过程中实现自主参与和自主教育，使学生不仅在课堂教学中接受理论教育，更在动态的实践教育过程中实现自主发展。全体思想政治理论课教师全程参与指导，及时引导学生运用马克思主义理论和方法认识问题、分析问题，并激发同学坚定信念，积极投身中国特色社会主义事业中。要推进基于问题的实践教学模式，在理论研究和社会实践中寻找和发现问题，研究和分析问题并解决问题，使学生不仅在课堂教学中接受理论教育，更在动态的实践教育全过程中实现个人发展，提升理论水平。

（三）尊重学生兴趣需求，分层分类开展社会实践活动

思想政治理论课实践教学过程中，要充分尊重学生兴趣与需求，按课题研究需要设立项目、按项目组建社会实践团队可作为开展社会实践活动的主要方式。课内实践研究主题与专业兴趣相结合，与解决企业科研课题相结合，直面现实中的真问题，激发学生的创新意识；课外实践则可以依托学校相关合作单位、校友资源、挂职干部开展实践需求调研，公布需求项目。学生可依据个人兴趣选择社会实践项目，实现项目的自行对接，并自行组建跨学科、跨专业、跨年级的社会实践队，本着学校、企业双向受益的原则，开展社会实践活动，促进社会实践与志愿服务地方经济相结合，提高学生综合素质和创新能力，切实增强思想政治理论课的理论魅力和说服力。学生在思想政治理论课程的实践中要注重综合运用马克思主义理论与方法，透过现象看本质，特别要注重"服务型"实践，让同学们深入村镇、企业和社会组织，为地方经济社会发展等提供力所能及的帮助，在服务中彰显知识价值和人生价值，坚定"服务祖国、服务人民"的信心和决心。

（四）做好实践育人的后续转化工作，扩大"实践后效益"

高校在组织学生开展思想政治理论课社会实践活动中，要注重实践前的

制度设计、实践中的分类引导，尤其是实践后的总结提升工作。可通过专题网站、主题报告会、图片展、优秀调研报告集、表彰大会等形式，增强社会实践的效果，还可通过"微话题""微直播"等年轻人喜爱的方式，积极将时尚元素注入实践总结，增强实践成果的吸引力和感染力，推动公益类实践项目转化为日常志愿服务活动，扩大"实践后效益"。此外，要推动社会实践成果转化为大学生创新性实验计划、毕业论文和各项竞赛的项目来源，鼓励学生的创造精神，肯定学生的创新思维，积极促成大学生实践创新成果与企事业单位实践的结合与转化。一是在教学环节设计上，我们要认真处理好课堂理论教学、网络教学和实践教学的关系。课堂理论教学注重重点和难点问题的分析与深化，网络教学是教学大纲和教学知识点传授的途径与方式，实践教学则是对所学知识和理论的对照检验与坚持完善。三者之间是相辅相成、互相支撑的。实践教学紧密结合网络教学和理论教学进行组织，强调面向教材，面向社会的重大的理论与现实问题。二是在实践教学推进中，我们要正确处理教学、科学研究和社会服务的关系。社会实践是学校第一课堂的延伸，架起学校与社会间的桥梁。学习和研究的问题要转化为现实的生产力，产生服务社会的成果。实践教学可以按教学、科研和社会服务"三位一体"的模式运作。企事业单位的工作人员可以与教师一起组织和指导学生的社会实践，思想政治理论课教师可以承接各单位委托的项目。三是在实践团队组织上，处理好学生、老师、学校和社会等各方面的关系。实践团队的形成和工作的展开应该既满足学生的需要，也结合学院教师的科研方向、学校的发展方向与国家的重大战略和规划需求，从而形成一个学生能力提升、教师成果层并且学校及地方和国家竞争力上升的良性循环局面。

（五）整合优化校内资源，构建全员实践育人机制

实践育人工程需要整合全校的教育教学资源，合力推进。一是要构建党委统一领导、各部门分工负责的全员实践育人机制。要逐步形成党委决策层、党群系统职能层、院系（所）党团组织实施层的组织机构，形成党政工干部、思想政治理论课教师、专业课教师和辅导员为一体的育人队伍。全校统筹建立思想政治理论课实践教学中心，建立校院二级实践领导小组。学校主要领导亲自听取社会实践工作汇报，分管党委副书记具体指导实践工作；党委宣

传部、统战部、学生工作部、研究生院、教务处、校团委联合组织实施社会实践活动。各学院党委书记挂帅,分管教学副院长、党委副书记、团委书记共同参与,广泛动员组织学生参与,动员教师带队指导社会实践活动。二是建立健全社会实践效果评估体系,分别从组织单位、教师和学生三个维度设立考核评估体系,将学校对于思想政治理论课社会实践的要求转化为可以衡量、比较的指标系数,对社会实践工作进行持续跟踪和评价,使思想政治理论课实践育人达到创新人才培养的目标。三是多部门共同协作,合力推进思想政治理论课实践育人。全校教师、各职能部门、学生动员起来一起提问,形成思想政治理论课的实践问题库,这是校内协同合作的前提;校团委、学生处等职能部门和各个学院作为学生社会实践活动的组织者,与马克思主义学院一起,共同推进全校学生的社会实践活动,这是实践教学推进的组织保障;实践课题报告的评奖评优可以纳入学校层面组织的校级实践队伍和成果的评价,并代表学校实践成果参与省级推优,这是实践教学协同合作的激励机制;本科生的社会实践成果还可以积极申报大学生创新创业训练计划项目,也可进一步深化为大学生挑战杯的竞赛项目,这是实践教学推进的孵化机制。由此,全校形成一个上下联动、互相支撑、重视实践教学、落实全员育人的思想政治理论课实践教学机制。

第五节　改革教学管理,做优教学服务

为确保思想政治理论课"三位一体"教学改革的顺利进行和新的教学体系、教学模式的有效实施,教学单位要树立"以学生为本"的管理理念,在总结有效经验的基础之上,不断完善并建立起一整套适应"三位一体"教学改革目标、能够推进高校思想政治工作高质量发展的教学管理和教学服务体系。

一、改革教学管理体制，形成"横纵联动"运行机制

马克思主义学院推进教学管理体制的改革，构建学院、教学中心和教研部及教学团队三级教学管理体制。先后成立了实践教学中心、教学改革研究中心，从学院层面对实践教学和网络教学进行综合设计与统筹安排，形成了"横纵联动"的教学管理体制。"横向"主要指的是以教研室为单位、以课程为依托组建起来的若干教学团队，"纵向"主要指的是学院—教研部—教学团队三级教学管理机构。

在职责方面，学院主要负责与学校各部门的协调沟通，从学校争取更多的资金、资源、场所、平台的支持；研究和拟订学年工作计划，统筹学院各项资源的分配；组织学院层面上的教学组织、管理和服务工作，不断完善教学质量测评体系和教学工作表彰奖励机制，落实相关教学政策和制度保障；定期组织教学过程中涉及的重要理论和现实问题的集中培训；推进常态化的党政干部集体听课制度，了解教学的实际情况，及时发现并妥善处理相关问题。学院和教学中心的相关工作主要由党委书记、院长牵头开展，分管教学的副院长和教学秘书、科研秘书等行政人员共同负责落实。

教研部主要负责各门课程的授课任务，负责研究和拟订学年工作计划并切实组织实施；负责教学的组织和管理工作，落实教学计划和各项教学制度，加强课程建设和教学研究，深入推进教学改革，创新教学方式方法；推进教学团队和教师队伍建设，充分发挥教学团队作用，全面提升教师教学能力；负责二级学科的建设和科研工作，组织并推进科研攻关；组织二级学科研究生教学工作，创新学生培养模式；负责教案编写、课件制作、教辅材料收集等工作，组织教学团队集体备课、总结讨论。

高度重视发挥教研室和教学团队的作用，不断强化教研室对二级学科建设、教学科研团队建设、教学全过程的组织管理职能，积极落实"学科/课程带头人+教学科研团队"及多级团队组合的"团队系统"的组织运作模式。在人员安排方面，学院遴选出教研部主任和党支部书记作为教学团队的负责人，并赋予教研室负责人以更多的管理权限和责任，使教学团队真正成为学院内部具体组织思想政治理论课教学、学科建设、研究生教育、教师队伍建设等

工作的二级管理机构。

二、创新教学组织模式，组建"专题式"教学团队

教学团队在各个教研室内部按教学专题来组建，隶属于所在教研室，主要负责所承担教学专题的建设，组织实施本专题教育教学工作；负责教学内容和教学方法的改革创新，挖掘并统筹各项教学资源，组织教学研讨和经验交流，加强团队成员教学科研能力建设，不断提高本专题教学水平和质量。

学院对教学组织模式和教学管理体制进行了配套改革。专题教学和网络教学按课程分别由各个教研室负责具体组织实施，责任落实到教学团队和个人。学期初，教研室组织各教学团队针对课程进行重大理论和现实问题的搜集，协调好各个专题之间逻辑联系和知识点衔接关系，有所侧重并随时势变化调整专题内容，定期组织集体备课、集体讨论，确定各门课程的专题设置及基本框架。

"专题式"教学团队具有较大的优势：打破教材中的章节界限，紧密围绕教学内容进行模块重组和调整，授课内容更加有针对性、层次性、全面性；专题式教学能够让教师依据科研情况来选择擅长的专题，也能够推动教师对专题进行深入探索和持续研究，有利于全面提升课程的质量；通过提升教师与教师之间的互动，引导教师在备课、教学、总结、实践等各个环节开展形式多样的沟通交流，提升教师团队的互动水平；合理建构教师团队，实行老教师传帮带，引领青年教师快速成长。

三、完善教师考评机制，强化教学质量重要导向

2019年，教育部等五部门印发了《关于加强新时代中小学思想政治理论课教师队伍建设的意见》，指出要通过一系列政策举措来配齐建强思想政治理论课师资队伍，打造一支政治强、情怀深、思维新、视野广、自律严、人格正，专职为主、专兼结合、数量充足、素质优良、名师辈出的中小学思想政治理论课教师队伍。2020年，教育部印发了《新时代高等学校思想政治理论课教师队伍建设规定》，明确提出思政课教师的首要职责是讲好思政课，只有

讲好思想政治理论课才能够落实好立德树人、铸魂育人的重要任务。

评价是"指挥棒",要不断完善思想政治理论课的教学评价机制,不断强化教学质量导向和学生教学质量测评的杠杆作用。厦门大学马克思主义学院以评优晋级、绩效工资为切入点,完善教学工作表彰奖励机制,重点奖励教学质量突出、教学效果特别优秀的教师。在完善教师考核评价机制的过程中,学院建立了"以生为本""以质为本"的核心概念,以思想政治理论课教学质量作为教师考核评价体系的关键指标。学院着力完善思想政治理论课教师职称评聘标准和办法,突出教学质量导向,注重凭能力、实绩和贡献来评价教师,坚决扭转重科研轻教学的倾向,克服唯论文、唯帽子、唯职称、唯学历、唯奖项等弊端,将教学效果作为绩效分配、职称晋级的重要依据,引导教师将工作重点放在思想政治理论课教学上,让教师更加积极地参与到思想政治理论课教学活动全过程,全面提升思想政治理论课教学质量。

在推进"三位一体"教学改革的过程中,围绕教师考评机制可以开展以下工作:将思想政治、道德品质、责任担当、教学效果、科研能力等指标作为教师考评体系的关键指标,并将教学效果摆在晋升、考核体系中的关键位置;建立健全表彰和奖励体系,培育思想政治理论课名师工作室,定期开展评选学科带头人、优秀教师、教学先进个人等表彰活动,立榜样、树标杆,发挥榜样润物无声、育人无形的作用;遴选在备课、授课、实践等关键教育教学环节中表现突出的教师,设立相关奖项并给予相应奖励;综合考虑教师的教学效果、科研成果的情况,将教师所撰写的理论文章、调查报告、教学参考资料纳入表彰奖励体系之中,有针对性地提高与实践教学以及与科研相结合的咨政报告成果的奖励标准;全面考虑各个教学专题、教学团队的差异性,制定符合实际情况的评价标准;建立思想政治理论课教师的惩罚机制,形成"奖惩有序"的环境与氛围,定期组织教学效果较差、学生反馈较差的教师开展集体备课、集体学习,带动整体师资队伍的优化。

四、扩大教师队伍规模,提升教师队伍综合素质

大力加强人才引进工作,积极吸引国内外一流大学的博士毕业生、博士后来校从事教学和科研工作;着力引进若干具有深厚马克思主义素养的课程

带头人。用好学校思想政治理论课首席教授等政策，为引进的课程带头人提供良好工作条件和生活条件；推行双聘教授、兼职教授制度，充分利用和发挥院外、校外相关学科教授的作用，形成更大范围的协同攻关力量，加强思想政治理论课教学力量。贯彻落实教育部《普通高等学校思想政治理论课教师队伍培养规划（2013—2017年）》《普通高等学校思想政治理论课教师队伍培养规划（2019—2023年）》精神，通过全员培训、骨干研修、国内考察、国外研修、项目资助等多种途径，加大对本院教师的培养力度，着力培养一批中青年学科带头人和骨干教师，普遍提高教师队伍整体素质和教学科研能力；提供一定的经费资助，鼓励和支持教师到国内外一流大学访学、进修和开展合作研究；实施"课程带头人及教学团队负责人培养资助计划"，学院通过课题资助、访学进修和调整教学工作量等系列措施，让各课程带头人及教学团队负责人有足够的时间和精力加强自身的学术能力、教学能力和组织协调能力的培养并进行学术攻关。

教师是主体和关键。教师不仅要具有较高的教学科研能力与水平，而且要有坚定的理想信念、清醒的政治意识和责任意识。学院将师德师风建设作为重要工作，常态化推进师德培育涵养，通过专题教学、实践教育、榜样引领等方式来加强师德师风教育；通过组织政治学习和理论学习，举办马克思主义经典著作读书会，开展教师集中培训，推动党员和教师参加"党支部工作立项活动"；班子成员深入基层了解教师思想状况、与教师交流谈心，组织教师实践研修等途径和方式，加强教师队伍的思想政治建设，强化教师的理想信念和政治责任，特别是要求教师带头做到真学、真懂、真信、真用、真讲马克思主义，确保思想政治理论课的教育教学方向和学院学科建设方向始终不偏离马克思主义道路。

建立健全教师发展平台，完善教师发展制度。教师的能力素质是高校教育事业发展的中坚力量，高质量的教师队伍是思想政治理论课高质量发展的动力源泉。为进一步提升思想政治理论课教师的能力素养，学院深入贯彻落实《关于加强新时代高校教师队伍建设改革的指导意见》，针对教师理论基础不够扎实、教师培训制度的针对性和实效性不高、教师发展支持服务体系不健全等问题，系统化地推进教师发展的培训制度、保障制度、激励制度和督导制度，从科研、教学、社会服务等方面入手来营造有利于教师可持续发展的良性环境。夯实教师发展支持服务体系，为教师的发展提供资金、资源、场地等支持，推动各类教师发展中心、教师培养培训基地的建设，全面提升教师的理论素养、实践能力、创新能力。自 2020 年始，学院为每位新进的年轻老师配备了指导老师，建立了传帮带制度。指导老师由学院的骨干教师担任，在师德师风、教学科研和生活等各领域全力带好新教师，成为新教师融入学院、提升能力的重要制度保障。

教学工作是大学的基础性且须具备持久情怀才能做好的工作，需要教育者有理想信念、有道德情操、有扎实学识、有仁爱之心。思想政治理论课教育教学更是一项需要强烈的内心信念支撑并全身心投入的工作。学院把教育引导教师增强使命感和责任感、树立高尚师德风范和敬业奉献精神作为教师培训与日常思想教育的重要内容，注重引导和激励教师积极投身教学改革，潜心投入教书育人，认真负责地做好每一个教育教学环节的工作，并围绕立德树人的根本任务，认真钻研学术，用扎实学识研究重大理论和现实问题，努力创造一流成果，为培养中国特色社会主义事业建设者和接班人、发展 21 世纪中国的马克思主义、实现中华民族伟大复兴的中国梦作出更大的贡献。

第三章　专题教学的具体设计

2014年，厦门大学正式启动实施思想政治理论课综合改革创新工程，其中在课堂教学改革方面，全面推行以问题为导向的专题教学新模式。专题教学要求每学期初，思想政治理论课教师采用发放调查问卷、互联网线上征集、随机问答等方式了解学生关注的时政热点、社会难点问题，在全面系统解读思想政治理论课教材知识的基础上，结合国家和地方政府的战略需求，提炼出学生最想听的问题，形成具有回应国家关切、有针对性且有吸引力的教学专题。专题教学坚持以问题为导向，强化问题意识，发现问题、解决问题、升华问题是专题教学的要义。厦门大学马克思主义学院依托"马克思主义基本原理""毛泽东思想和中国特色社会主义理论体系概论""中国近现代史纲要""思想道德与法治"等课程所在的教研部，根据师资情况安排2～4支并行的教学团队，每位教师承担1～3个本人"拿手"的专题并在本教学团队负责授课的各班级间进行集中巡讲。教研部强化课前集体备课制度，避免内容重复或重点缺失。"通过精讲专题，课堂教学把道理讲深讲透，以理服人，以情感人，同时可以充分发挥任课教师自身科研对教学的支撑作用，克服科研与教学'两张皮'现象，确保教学内容'专、深、新'。"①

---

① 侯利标，李小平.厦门大学马克思主义学院院史[M].厦门：厦门大学出版社，2021：133.

第一节　专题化教学的核心要义

一、教学理念——因事而化

　　教学理念的创新是专题化教学模式实施的前提和核心，教学理念决定着教学的目标价值取向和教学效果的成败。过去，思想政治理论课以教师为中心、强调知识性和灌输性的教学理念是很多学校思想政治理论课教学效果不佳的深层次原因。为此，提升思想政治理论课教学效果的重要一环就是因事而化，"事"指具体事情具体分析，也就是教与学这两件事。树立以学生为中心，"教"与"学"平等互动的教学理念，并贯彻到专题化教学模式中。首先，专题教学要做到因材施教，有的放矢。根据文科、理工科、艺术类学生的不同学习基础和专业特点，要在专题中设计不同教学案例，突出重点，寻找与学生思想的契合点，力求达到思想政治理论课真正进入学生头脑。同时，充分利用网络平台，搜集学生普遍关心的社会热点、难点问题，有针对性地设计专题教学内容，以期把解决思想问题同解决实际问题结合起来，让学生在思考具体问题中学到理论知识，不断增强理论认同。其次，要重视专题教学的课堂组织，对师生的集体智慧进行挖掘和借鉴。一方面，强调以学生为本，充分尊重学生的主体性，最大限度地调动学生学习的热情和求知的激情。另一方面，以教师为主导，整合校内外资源，增强思想政治理论课的吸引力和感染力。像"校内外专家进课堂"就是一个好的方式，可以让优秀的教师进入思想政治理论课课堂进行专题授课。最后，专题教学以课堂教学为中心，但在时间上将教学延伸到课前与课后，在空间上辐射到课堂外的网络平台，时间与空间的拓展有利于提升专题教学的实效。

二、专题内容——因时而进

思想政治理论课教学内容涉及面非常广泛，而教材是教学重要的依据和参考，如何将高度浓缩、高度概括的教材内容，在有限的课时之内，给学生讲清楚、讲透彻，是教学过程中的一大难题。教师如果完全按照教材的内容开展面面俱到的讲授，必将导致有限的学时内无法完成教学内容，或教学内容浅尝辄止。要想解决上述问题，就需要教师在全面掌握和认识思想政治理论课教材内容的特点、实质、精髓的基础上，对教材内容进行深度挖掘和实践阐释，因时而进，优化教学内容，专题教学无疑是把教材体系转化为教学体系的好办法。

为此，需要进一步明确的是思想政治理论课教学的目的。思想政治理论课最大的作用就是帮助大学生树立正确的世界观和方法论，学习并自觉运用辩证唯物主义和历史唯物主义这一思想武器，正确认识人类社会发展的基本规律，从而坚定马克思主义的理想和信念。为此，在专题设置中，必须遵循三个原则：第一，整体性原则。要涵括马克思主义理论完整的思想体系，注重理顺专题与专题之间的关系，在各个专题的衔接上体现其内在的联系和有机统一。第二，问题导向原则。在设置专题时，正视"问题"、探索"问题"、解决"问题"，围绕学生认识上感到模糊、困惑和迷茫的问题以及关心的社会热点，有针对性地给出科学回答和阐述，解决学生思想的困惑，展现马克思主义理论对深刻变化实践的解释力。第三，思想性原则。专题教学中，要突出其学理性这一本质特征，从方法论上阐明专题的思维方式、思想方法，从而帮助学生掌握马克思主义的精髓和精华，更好地让学生理解、认同、接受马克思主义理论，从而进一步坚定信仰。

第二节 专题教学指南

日益加剧的国际竞争和不断深化的国内改革对高校思想政治理论课教育

教学提出了更高的要求。针对目前思想政治理论课教学感染力不强、吸引力不足、说服力不够的问题，迫切需要出台有针对性的改革措施，改进和提升教学效果。2014年12月，厦门大学召开思想政治理论课教学指导委员会会议，在考察分析其他高校思想政治理论课做法的基础上，提出面向本校的思想政治理论课教学改革方案，即思想政治理论课实行课堂教学、网络教学、实践教学"三位一体"的教学模式。其中，课堂教学实行问题导向式专题化教学模式，重在对课程内容的重点、难点问题及学科前沿以及学生关注的热点、疑点问题进行深度讲解与分析引导。

一、专题教学工作职责

党的十八大以来，以习近平同志为核心的党中央高度重视思想政治理论课建设。2019年3月18日，习近平总书记主持召开学校思想政治理论课教师座谈会并发表重要讲话强调："思想政治理论课是落实立德树人根本任务的关键课程……思政课作用不可替代，思政课教师队伍责任重大。"[1]为此，思想政治理论课的课堂教学就要发扬优势，"坚持用习近平新时代中国特色社会主义思想铸魂育人，切实把思想政治理论课在政治上开出高度、在思想上开出深度、在知识上开出广度、在格局上开出气度、在文化上开出温度，在提高思想政治理论课质量上多下功夫，确保教师'真上课'，学生'上真课'，巩固思想政治理论课意识形态教育主阵地的重要作用"[2]。专题教学是"三位一体"教学模式中的核心和主阵地，专题教学效果直接关系到思想政治理论课的实效性。因此，做好专题教学工作，是整体教学活动中的重要环节。专题教学工作应围绕着教材内容展开教学活动，但又需要聚焦重大的理论和现实问题，因而除了熟悉教材内容，还应强化科研支撑，突出专题化和问题导向。为此，专题教学的主要工作职责包括以下方面：

第一，专题设置。学期初应针对搜集到的重大理论和现实问题进行集体备课，确定授课专题的主题及框架。教学团队中设计若干个专题领域，每位

---

[1] 用新时代中国特色社会主义思想铸魂育人 贯彻党的教育方针落实立德树人根本任务[N].人民日报，2019-03-19(1).

[2] 侯利标，李小平.厦门大学马克思主义学院院史[M].厦门：厦门大学出版社，2021：112.

老师负责其中一至三个专题。专题具体题目可以有所侧重并随时势变化调整。选定的专题内容应当以互动式、开放式、启发性的问题为轴心，培养大学生的科学素养和理论思维，具备一定的收缩度，彰显较强的逻辑性和学术增长点，能够达到师生教学相长的目的。

第二，教学团队设置。根据各教研部现有教师队伍情况，合理设置教学专题，安排若干支并行教学团队，并在每个教学团队中合理规划老中青不同教学梯队，设立1～2名教学团队组长，以学科带头人、课程带头人、教学组长、教学创新团队为基础，实施专题教学。

第三，开展学期内导论课、讨论课、复习课等相关环节的课堂教学，做到专题内每堂课紧扣教学大纲，各专题之间逻辑严密、贴近学科特点，契合时代特征。思想政治理论课教师能够充分尊重学生主体，站稳马克思主义立场，适当把握群体特性，遵循青年成长规律，凝练专题的重点内容并就专题的核心观点展开分析。

第四，开展学期内课堂教学的其他工作，包括校外专家进思想政治理论课堂活动、征集大学生感兴趣的专题进行下一步的讨论备课等。

二、专题教学要求

（一）专题教学的基本思路

专题教学面向重大理论与现实问题，也联系青年学生关注的热点难点问题，推动教材体系向教学体系转变，实现政治理论认知到政治理论认同并坚定"四个自信"的转化。专题教学树立科研为教学服务的理念，积极推动教学与科研的一体化进程，强化科研对于思想政治理论课问题导向式教学模式的支撑作用，鼓励思想政治理论课教师围绕教学专题加强对重大理论和现实问题的研究，鼓励教师将社会调查和科研成果有效转化为教学素材、教学案例和前沿成果，服务于教学。

（二）专题讲解

专题化教学是在熟悉教材和教学大纲的基础上，对课程内容的重点、难点问题进行详细讲解，在集体备课和专题研究的基础上，对专题进行深度分析，要求任课教师吸收马克思主义理论及其中国化时代化最新研究成果，运用生动的教学案例，深入回答学生关心的社会热点问题，解开思想困惑，引导学生坚定中国特色社会主义理想信念，正确看待社会现实问题。

（三）专题教学学分和课时

思想政治理论课程由专题教学、实践教学和网络教学三部分组成，专题教学学分为课程总学分的 2/3 左右，具体的四门思想政治理论课因学分不同会有所差异。

三、专题教学环节

（一）导论课

导论课安排在各门课程的前两周，其主要目的在于由带班教师对本学期课程安排进行介绍，并对课程的基本脉络做一梳理和说明。要求做到如下几点：

1. 梳理课程各章节内容，使学生从整体上把握课程体系。
2. 介绍专题授课内容及相应的授课教师，使学生明确本学期内上课的主要安排。
3. 进行网络教学的演示及介绍，要求学生在测试前完成网络调查问卷的填写。
4. 安排实践教学活动的开展（可参考实践教学操作指南）。
5. 进行课程管理及班级联络的其他事宜等。

（二）讨论课

专题教学采取以互动教学为主体的教学方式，这一教学方式不仅体现在专题课堂上，更体现在教学中安排的讨论课中。讨论课应注意调动学生学习的积极性和自主性，强化课堂讨论互动，通过思想交流和互动，引导学生化解疑点、正确分析理解和认识问题。

鉴于课堂教学除了专题教学，还伴随着实践教学的开展，因此，讨论课的开展既可以结合专题教学，也可以结合实践教学进行。以下几种方式可供参考：

1. 前期准备：讨论课需要在助教的协助下对班级学生进行分组。每个小组的成员尽量来自不同专业,具有文理学科背景。每个小组选出组长,就成员共同感兴趣的话题,确定讨论主题,进行组内分工并展开调研。开展调研是由理论学习转为实践探究的重要途径,是大学生对思想政治理论的再认识,也是理论联系实践的亲自参与、亲身尝试。根据选题,小组可以深入生产一线、基层工作一线,深入学校每一个角落,尤其是充分利用好学校周边地理人文资源,作为接触日常思想政治教育的一个关键领域。经过广泛调研采访、文献搜集整理、课题定型撰写后,形成讨论课PPT或者视频图片材料,供课上讨论。

2. 讨论课可以围绕实践调研报告主题,讨论实践调研活动的主题及相关的安排、进展情况、成果展示等环节,课堂上每一名同学均可以对台上展示的小组成员进行提问,提问内容不限于展示成果。

3. 讨论课可以讨论每个阶段的专题教学中的热点难点问题,由带班老师组织,各小组派代表进行主题发言,全体学生互动讨论。具体讨论形式可采取主题讨论、辩论讨论、情景讨论等。

4. 讨论课还可依据课程内容或时事热点等设置相关主题,由学生进行主题演讲、微电影展示、微视频展示、答记者问等多种形式的讨论。

特别强调:学期多次讨论课原则上尽量让更多的学生有机会参与发言,并且讨论过程中老师应发挥实际作用,维持讨论秩序、控制讨论时间、引导学生讨论、对学生讨论进行评析等。

(三)专题课

专题课的主要要求包括以下方面:

1. 专题设计精心策划。既要做到紧扣教材大纲,又要做到把握学科和教材内容的系统性,并突出问题导向,针对学生关注的热点疑点问题,聚焦重大理论和现实问题,满足学生成长需要。

2. 专题教学精准发力。任课教师苦练内功,化解学生疑点;校内外专家助力课堂,紧跟时代前沿;互动式讨论引入教学,激发学生兴趣。鼓励教师以互动、讨论的方式进行专题授课,亦可在各自专题教学课堂中安排一段时间(如一节课或半节课)与学生进行专题相关内容的讨论。

3. 专题教学引导互动。师生在课堂上可以进行开放式讨论与对话,启迪学生思考，延展认识视野，从而丰富前置性学习的教学内容，使得思想政治理论课堂的讨论更为深入更有吸引力，拉近师生关系。专题授课结束后，每位任课教师提供相应的思考题，便于学生课下复习。

四、课程考核评价

（一）出勤考核

为维护课堂教学秩序，每位任课教师应在学期内进行相应的出勤考核，保留考核记录，缺勤分数直接在总成绩中加以扣除。具体考核标准包括：

（1）迟到一次扣除1分；（2）旷课一次扣除5分；（3）请假应符合正规的程序且有假条，事后请假若无有力证明（如病历等）等同于旷课；（4）缺勤超过课程总学时1/3时，成绩不合格。

（二）期末考核

各门课程确定各自的考核方式（开卷或闭卷），采用相应的考试形式，考核以任课教师为主进行，统一考试、统一阅卷。

五、课程成绩计算规则

以100分制标准设置，最终规则如下：

网络教学20%；讨论教学30%（其中包括专题讨论课成绩计入每名同学个人成绩，论文成果也计入学生成绩，各占50%）；期末考试50%。

六、其他注意事项

1. 为便于与专题内容相关的讨论课的开展，每位任课教师应在学期末向教研部主任上报下一学期的专题主题及框架，教研部主任汇总后抄送教改中心，集中讨论后确定下学期集中讲授的专题。

2. 学期开学前一周，教师在系统中录入本学期的教学进度表，并于开学第一周向学院教学秘书提交教学进度表纸质版。

第三节　各门课程的具体安排

以 2021 年春季学期（每年 2—6 月）为例，介绍"毛泽东思想和中国特色社会主义理论体系概论""中国近现代史纲要""思想道德与法治""马克思主义基本原理"课程专题教学的开设情况，以期为同行们提供设定专题教学大纲的参考。

一、"毛泽东思想和中国特色社会主义理论体系概论"专题教学安排

根据 2021 版《毛泽东思想和中国特色社会主义理论体系概论》教材，我们在集体备课讨论的基础上，确定该课程专题涵盖教材的主要领域包括：（1）毛泽东思想；（2）中国特色社会主义理论体系的形成与发展；（3）中国特色社会主义经济建设；（4）中国特色社会主义政治建设；（5）中国特色社会主义文化建设；（6）中国特色社会主义社会建设；（7）中国特色社会主义生态建设；（8）中国特色大国外交；（9）中国共产党的建设。每个专题具体内容安排如表 3-1 所示：

表 3-1　"毛泽东思想和中国特色社会主义理论体系概论"课程安排

专题名称	专题内容及主要安排
导论 马克思主义中国化 （包括讨论课事宜安排）	由带班教师对本学期课程安排进行介绍，并对课程的基本脉络作出梳理和说明。具体如下： 一、串讲教材内容，对课程内容（何为马克思主义中国化、马克思主义中国化的历史进程及课程框架与内在逻辑）作出梳理 二、进行"三位一体"教学安排介绍 （一）专题授课内容及相应的授课教师 （二）网络教学的演示及介绍，向学生说明网络教学的主要内容及相应的分数构成 （三）实践教学活动的安排，向学生说明实践教学的相关要求 三、进行课程其他要求说明 （一）确定讨论课的组织形式与讨论主题 （二）进行课程管理事宜说明，如平时考勤要求、班级建群工作等 （三）进行初步调研，汇总学生关注问题，以便融入专题设计与课堂讨论

续表

专题名称	专题内容及主要安排
导论 习近平新时代中国特色社会主义思想	一、中国特色社会主义进入新时代 二、主要内容 三、历史地位
专题一 毛泽东思想及其历史地位	一、毛泽东思想的形成和发展 二、毛泽东思想的主要内容和活的灵魂（含新民主主义论、社会主义改造理论和社会主义道路初步探索） 三、毛泽东思想的历史地位和评价
专题二 中国特色社会主义理论体系的形成与发展	一、中国特色社会主义理论体系的形成与发展 二、中国特色社会主义的科学内涵 三、毛泽东思想与中国特色社会主义理论体系的关系 （一）改革开放前后两个三十年的相互关系 （二）中国特色社会主义理论体系是在新的时代条件下对毛泽东思想的继承、发展和创新
专题三 建设现代化经济体系	一、改革开放以来我国经济发展状况 （一）中国经济发展的成就 （二）面临的主要问题和挑战 二、当下中国经济发展战略的调整及其重要意义、主要内涵和重要特征 三、中国经济发展的新变化 （一）贯彻新发展理念 （二）深化供给侧结构性改革 （三）建设现代化经济体系
专题四 发展社会主义民主政治	一、坚持中国特色社会主义政治发展道路 二、健全人民当家作主制度体系 三、巩固和发展爱国统一战线 四、坚持"一国两制"，推进祖国统一
专题五 推动社会主义文化繁荣兴盛	一、牢牢掌握意识形态工作领导权 二、培育和践行社会主义核心价值观 三、坚定文化自信，建设社会主义文化强国
专题六 坚持在发展中保障和改善民生	一、提高保障和改善民生水平 二、加强和创新社会治理 三、坚持总体国家安全观

续表

专题名称	专题内容及主要安排
专题七　建设美丽中国	一、坚持人与自然和谐共生 二、形成人与自然和谐发展新格局 三、加快生态文明体制改革
专题八　中国特色大国外交	一、中国外交基本原则 二、大国外交的新特点 三、人类命运共同体思想
专题九　坚持和加强党的全面领导	一、实现中华民族伟大复兴关键在党 二、坚持党对一切工作的领导 三、全面从严治党

二、"中国近现代史纲要"专题教学安排

根据2021版《中国近现代史纲要》教材，我们在教研部多次讨论的基础上，对于新中国成立前的专题进行的安排如表3-2所示：

表3-2　"中国近现代史纲要"专题教学安排（1949年以前部分）

各章节教学板块		专题设计	
第一板块	导论　殖民主义板块 （教材导论、第一章）	专题一	导论
		专题二	殖民主义与近代中国
第二板块	晚清板块 （教材第二章、第三章）	专题三	中国早期现代化问题
		专题四	改良主义与近代中国
		专题五	共和革命与近代中国
第三板块	中国共产党板块 （教材第四章、第五章）	专题六	青年运动与近代中国变迁问题
		专题七	中国共产党革命新道路探索问题
		专题八	国共两党政治合作与斗争问题
第四板块	战争板块 （教材第六章、第七章）	专题九	近代以来日本侵华政策与侵华战争
		专题十	抗日战争与近代中国
		专题十一	解放战争与近代中国

三、"思想道德与法治"专题教学安排

根据 2021 版《思想道德与法治》教材，我们在教研部多次讨论的基础上，对这门课的专题教学安排如表 3-3 所示：

表 3-3 "思想道德与法治"专题教学安排

教学板块	专题设计
导论 担当复兴大任 成就时代新人 （包括专题教学、网络教学和讨论课的事宜安排）	新时代中国特色社会主义的内涵 承担时代赋予大学生的历史使命 做有理想有本领有担当的时代新人 不断提升思想道德素质和法治素养 导论部分还包括如下内容： 1. 串讲教材内容，对课程内容作出梳理 2. 介绍专题授课内容及相应的授课教师 3. 进行网络教学的演示及介绍，向学生说明网络教学的主要内容及相应的分数构成，并要求学生于开学后完成网络问卷 4. 完成实践教学活动的安排，向学生说明实践教学的相关要求，完成人员的分组，并要求各组在第 4 周提交实践计划表 5. 进行课程管理及班级联络的其他事宜，如平时考勤说明、班级建群工作等 6. 讨论大学生活特点及如何适应大学生活
第一章 领悟人生真谛，把握人生方向	正确认识人的本质，掌握人生观的主要内容，确立正确的人生观，明确人生目的、端正人生态度、认识人生价值；正确把握个人与社会的关系，辩证对待人生矛盾，创造有意义的人生
第二章 追求远大理想，坚定崇高信念	掌握理想信念的内涵、特点以及对大学生成长的重要作用；确立马克思主义的科学信仰，树立共产主义的远大理想和中国特色社会主义共同理想；把握理想与现实的关系，在实践中化理想为现实，在实现中国梦的实践中放飞青春梦想
第三章 继承优良传统，弘扬中国精神	理解传承中国精神、弘扬民族精神与时代精神的内涵和意义；理解爱国主义内涵及其时代要求；做新时代的忠诚爱国者；把握改革创新的重要意义，结合自身实际了解如何进行改革创新
第四章 明确价值要求，践行价值准则	理解社会主义核心价值观的基本内容及重大意义；了解社会主义核心价值观的显著特征，坚定价值观自信；做社会主义核心价值观的积极践行者

续表

教学板块	专题设计
第五章 遵守道德规范，锤炼道德品格	理解道德的含义、本质及历史发展；理解中华民族传统美德及中国革命道德的主要内容以及继承和弘扬的意义；掌握社会主义道德建设的核心与原则；把握社会公德、职业道德、家庭美德的基本内容，参与道德实践，锤炼个人品德，提高个人道德修养
第六章 学习习近平法治思想，提升法治素养	了解法律的基本理论，了解法律的含义及历史发展，理解社会主义法律的本质特征及运行过程； 把握习近平法治思想的基本内容，坚持全面依法治国；了解以宪法为核心的中国特色社会主义法律体系的内容，维护宪法权威 初步了解我国民法、刑法等实体法律制度的基本内容； 掌握法治思维的含义、内容和培养途径；了解法律权利与义务的概念以及二者的关系；了解我国宪法规定的权利与义务的内容；掌握如何依法行使权利与履行义务

四、"马克思主义基本原理"专题教学安排

根据 2021 版《马克思主义基本原理》教材，我们在教研部多次讨论的基础上，对这门课的专题教学安排如表 3-4 所示：

表 3-4 "马克思主义基本原理"专题教学安排

教学板块	专题设计
导论 如何科学地认识和对待马克思主义（包括讨论课事宜安排）	一、千年第一思想家 二、从整体上理解和把握马克思主义（为什么要学习马克思主义、马克思主义的内涵和特征以及如何从整体上理解和把握马克思主义） 由带班教师对本学期课程安排进行介绍，并对课程的基本脉络作出梳理和说明。具体如下： （一）串讲教材内容，对课程内容作出梳理 （二）介绍专题授课内容及相应的授课教师 （三）进行网络教学的演示及介绍，向学生说明网络教学的主要内容及相应的分数构成，并要求学生于开学后完成网络问卷 （四）完成实践教学活动的安排，向学生说明实践教学的相关要求，完成人员的分组，并安排好第五周的讨论课汇报（汇报顺序、汇报形式、汇报时间等） （五）安排讨论课组织形式和相关内容，具体包括每次讨论课的汇报小组、讨论主题、讨论时间等 （六）进行课程管理及班级联络的其他事宜，如平时考勤说明、班级建群工作等 （七）若还有空余时间，可进行课程涉及的其他内容的讨论，将目前大家关心的问题进行汇总，在以后上课时参考

续表

教学板块	专题设计
专题一 世界本质的追寻——世界的物质统一性	一、辩证唯物论之物质观 二、辩证唯物论之意识观 三、辩证唯物论之实践观
专题二 "偶像的黄昏"——唯物辩证法的逻辑、规律与方法	一、"辩证法"的演化——从苏格拉底到马克思 二、辩证法的例证 三、矛盾、悖论与辩证逻辑 四、历史的辩证法
专题三 论社会发展的动力机制、平衡机制与调整机制	一、三种机制的内涵 （一）动力机制（侧重于生产与效率） （二）平衡机制（侧重于分配与公平） （三）调整机制（侧重于利益调整） 二、"三种机制"是一种分析工具和解释框架
专题四 科技伦理与人类未来	一、科技时代的伦理困境 二、科技发展与社会风险 三、风险社会治理与科技伦理应对（包括基因技术的伦理风险与社会控制、风险社会与网络传播、伦理技术风险的规避） 四、科技伦理：真理与价值、科学精神与人文精神的辩证统一
专题五 商品经济和劳动价值论	一、商品经济的形成和发展 二、价值规律及其作用 三、以私有制为基础的商品经济的基本矛盾 四、科学认识马克思劳动价值论
专题六 资本和价值增殖	一、货币向资本的转化 二、资本的增殖过程 三、资本积累
专题七 资本主义基本矛盾与经济危机	一、资本主义的基本矛盾 二、资本主义经济危机 三、用马克思经济危机理论分析美国次贷危机
专题八 垄断资本主义的形成与发展	一、资本主义从自由竞争到垄断 二、垄断资本主义的发展 三、经济全球化及其后果 四、案例分析一：人民币国际化 五、案例分析二：美国金融自由化与次贷危机

续表

教学板块	专题设计
专题九 唯物史观视域下的苏联之殇	一、梳理苏联之殇已有的观点争论 二、在唯物史观视域下解析苏联之殇的成因 三、苏联之殇带给我们的教训与启示
专题十 坚定共产主义远大理想	一、什么是共产主义？ 二、如何建设共产主义？ 三、如何坚定共产主义远大理想？

需要说明的是，我们主要是选择 2021 版四门思想政治理论课进行专题教授纲目呈现。特别值得注意的是，随着教材的变动和中央的阶段性的要求，专题教学纲目设计在各门课程各个学期中都会有所不同。

目前，思想政治理论课是以课程群的形式开设的，除了以上四门列示的必修课，还有贯通大学四学年的"形势与政策"课程。自 2020—2021 学年秋季学期开始，厦门大学落实教育部文件精神要求，在全校本科生中新开设"新时代中国特色社会主义劳动教育"（2 学分，选修课）；2020—2021 学年春季学期开始，在全校本科生中新开设"习近平新时代中国特色社会主义思想概论"（2 学分，选修课）、"四史"专题研究（1 学分，选修课；2022 年秋季学期改为必修课，2 学分）和"国家安全教育"（2 学分，选修课）。课程统一采用专题讲座方式，师资力量由人文学院、经济学院、法学院、公共事务学院、社会与人类学院、国际关系学院/南洋研究院、台湾研究院、环境与生态学院、马克思主义学院等单位具体承担。"课程群的各门课程负责人要带领课程组成员一起创新课程考核办法，探索以撰写论文、实践报告、课堂汇报等多种方式综合评价考核学生学习效果。"[①] 所有这些课程的开设，都在不同程度上借鉴了"三位一体"的教学模式，并不断深化教学改革，特别是在专题教学上，注意结合挖掘福建资源，体现福建特色。

2022 年 9 月，厦门大学在全校范围内开始开设"习近平新时代中国特色社会主义思想概论"必修课，这门课的课堂教学继续采用了专题教学的模式。在没有统一教材的情况下，教研部经过讨论，确立了该课程中必须讲授的专

---

① 侯利标，李小平.厦门大学马克思主义学院院史[M].厦门：厦门大学出版社，2021：113.

题，包括：马克思主义中国化时代化新的飞跃、习近平新时代中国特色社会主义思想的理论内涵与中国特色社会主义总任务、坚持党的全面领导和全面从严治党、以新发展理念引领高质量发展和全面深化改革、坚持和发展全过程人民民主、坚持全面依法治国、建设社会主义文化强国、加强以民生为重点的社会建设、建设社会主义生态文明、推动构建人类命运共同体、坚持以人民为中心、建设中国特色社会主义的保障（建设巩固国防和强大人民军队、全面贯彻落实总体国家安全观、坚持"一国两制"和推进祖国统一）。2023年思想政治理论课的必修课教材全部进行了改版，2023年8月28日，《习近平新时代中国特色社会主义思想概论》教材出版后，厦门大学马克思主义学院第一时间组织教研室集中学习备课，坚决贯彻执行教育部对该课程使用新教材的新要求，进一步推动习近平新时代中国特色社会主义思想进教材进课堂进头脑，更好落实立德树人根本任务。目前，"毛泽东思想和中国特色社会主义思想概论""习近平新时代中国特色社会主义思想概论""马克思主义基本原理""思想道德与法治""中国近现代史纲要"五门课的讲授全部采用了教育部提供的统一课件，并系统讲授教材所有专题。

第四节 专题教学的辅助性措施

新时代新征程，思想政治理论课专题教学在坚持问题导向的同时兼具学理性，在坚守立德树人的同时兼顾实践性，在坚定改革创新的同时兼怀时代性。为了保证思想政治理论课与思政育人同向而行，保障专题教学高质量发展和内涵式提升，我们在每学期都会针对新形势、新要求对课堂专题教学作出新部署，再由教研部负责出台相应的课堂专题教学规范。主要采取以下辅助性措施——以习近平新时代中国特色社会主义思想"三进"为核心做好开学第一课、教研室集体设计备课方案以落实思想政治理论课集体备课制度、课堂管理同期末考核相挂钩、注重校内外专家进课堂的互动性、鼓励老师创新讨论课形式等，以保证思想政治理论课"三位一体"教学模式改革在专题教学板块的贯彻施行。

第一，以习近平新时代中国特色社会主义思想"三进"为核心做好开学第一课。为了让学生从入学起就掌握马克思主义中国化时代化的最新成果，我们会建议任课教师把学习宣讲习近平新时代中国特色社会主义思想作为开学第一课的重点内容。为此，所有教师要结合新教材新大纲要求，系统宣讲习近平新时代中国特色社会主义思想的科学体系、核心要义、实践要求等。厦门大学党委书记、校长也会明确思想政治理论课的关键内容开好第一课。各教研室会在每个学期的碰面会根据中央对于思想政治理论课的新精神、新要求做必要的补充和说明，从而教会学生系统全面地理解习近平新时代中国特色社会主义思想。

第二，教研室集体设计备课方案以落实思想政治理论课集体备课制度。结合新版教材，各教研部落实集体备课制度，确立专题组长。坚持在每学期开学前、学期中、学期末，以教研部为单位围绕教学大纲、教学要点、教学规范等开展集体备课，研讨教学难点，明确教学重点，交流教学心得，提升课堂教学效果，以实现资源共享、取长补短、共同提高之目的。在此基础上，学院不定期举行全院教师集体备课，邀请国内思想政治理论课名师名家围绕热点专题以线上线下相结合的方式与教师进行辅导交流，从而设计出相对统一的专题框架。这种集体设计备课方案的好处是准确把握教材基本精神，研究确定教学进度和内容，也让接下来的网络教学、实践教学相互关联、彼此贯通。

第三，课堂管理同期末考核相挂钩。为了推进课堂教学各环节（导论课、专题课、讨论/展示课、复习课）有序进行，负责本门课程的主讲老师会提前安排讨论课相关工作。因为不同的专题由不同的教师授课，所以带班老师或助教会做好每一周课堂考勤工作的衔接，并统计学生的实际出勤情况，统一考勤扣分标准（详见思想政治理论课成绩评定办法），从而有效地加强课堂管理。加强课堂管理固然起到督促效果，事实上它也是期末考核多样化探索的一种手段。将课堂管理与学生的期末考核成绩相挂钩，能够促使思想政治理论课的成绩评价、教学效果反馈等更为合理。从以往的情况来看，期末考试具体题型和题量由各教研部自行决定并统一，如是否出客观题、主观题的具体类型等。现如今，课堂管理同期末考核相挂钩就突显了思想政治理论课教学的规范性，比如学生缓考要有"缓考登记表"并盖学院章，学生成绩在90分以上的不能超20%，平行班成绩由教师自行协调沟通，任课老师应对阅后试卷逐一核查，避免乱给分或乱扣分现象，防止成绩分布差别过大等。

第四，注重校内外专家进课堂的互动性。我们通过邀请具有较强马克思主义理论功底和丰富实践经验的校内外名师名家、地方党政领导干部、企事业单位管理专家、各行业先进模范人物进入思想政治理论课堂开讲座，有助于整合优质教学资源，提升思想政治理论课教育的亲和力和针对性，增进广大青年学生对中国特色社会主义的政治认同、思想认同、情感认同，坚定中国特色社会主义道路自信、理论自信、制度自信、文化自信。我们的专家课堂会从教师侧和学生侧两方面支撑思想政治理论课专题建设，通过分析和解决思想政治理论课教学过程中产生的新情况，专题课堂将会更好地鼓励教师自发学习、增强自我提升的动力，同时激励学生独立思考、提升自主学习的活力。

第五，鼓励老师创新讨论课形式，做到上台汇报有准备，讨论之后有点评，课后交流有纽带。专题教学开设讨论课的目的是激发学生好奇心和创造力，帮助他们善于发现问题、能够提出问题、扩大研究视野，培养他们的组织协调交流能力等。小组讨论就是从学生视角对思想政治理论课产生获得感的有力渠道，小组分工包括话题参与、调查研究、撰写论文、上台汇报等环节，在专题课堂的讨论课上，台上台下的同学们都会热情积极地参加，相互切磋交流，通过提出问题、分析问题、解答问题等多维度锻炼，学生们都会产生较强的身份认同感和思维获得感。上台汇报的顺序、内容、答疑等细节都是同学们内部组织的，而教师会在讨论之后作出点评，至于学生课后仍有疑问的，可以通过助教这条纽带同老师进行交流。

第四章 网络教学的具体设计

网络教学综合平台的建立和开展是思想政治理论课在"互联网+"时代践行、发展网络教学方式的必然产物。可以说，网络教学实现了信息技术和思想政治理论课教学的深度融合，是高校思想政治理论课发展的必然要求。在2016年12月召开的全国高校思想政治工作会议上，习近平总书记明确指出："要运用新媒体新技术使工作活起来，推动思想政治工作传统优势同信息技术高度融合，增强时代感和吸引力。"①当代大学生是实现中华民族伟大复兴的社会主义接班人，是国家的希望。习近平总书记在党的二十大报告中指出："全党要把青年工作作为战略性工作来抓，用党的科学理论武装青年，用党的初心使命感召青年，做青年朋友的知心人、青年工作的热心人、青年群众的引路人。"②因此，为了在本世纪中叶全面建成富强民主文明和谐美丽的社会主义现代化强国，必须从年青一代抓起，而且必须从年青一代的思想上抓起，筑牢大学生的爱国主义防线，培植他们的精神家园。③由此，网络教学是关乎青年成长成才的重要一环。

网络教学充分运用现代新技术手段，引导学生开展自主性、探索性学习，改变灌输式教学方式，有利于培养堪当时代重任的青年。网络教学平台上有丰富的教学资源，包括课程介绍、教学大纲、课程课件、教学日历、课程通

---

① 把思想政治工作贯穿教育教学全过程 开创我国高等教育事业发展新局面[N].人民日报,2016-12-09(1).

② 习近平.高举中国特色社会主义伟大旗帜 为全面建设社会主义现代化国家而团结奋斗：在中国共产党第二十次全国代表大会上的报告[M].北京：人民出版社,2022：71.

③ 郑炳辉,石红梅,等.厦门大学思想政治理论课网络教学现状研究[J].厦门大学学报,2018增刊.

知、研究成果、视频资料、思考题、参考文献、实践资源和在线辅导等，学生可以随时随地进行学习，确保学生课程学习的系统性和持续深化。教师督促学生按照课程各个章节知识点进行学习并完成课后作业，对学生的问题有问必答、"一网答尽"，及时掌握学生最新的思想动态，了解学生对课堂专题教学的反馈意见，进一步巩固课堂专题教学的效果。①

第一节 网络教学的核心要义

一、自主学习——掌握知识

"三位一体"教学模式改革注重从教材体系向教学体系的转变。在网络教学板块，教学内容能够以数字化媒介等多样化形式呈现，更易于学生自主学习。在推进"网络思政+新媒体育人"工作中，厦门大学把思想政治理论课的新媒体创作及应用纳入正规的教学计划，把网络教学经费纳入人才培养成本，为学生参加网络教学活动制定严密科学的教学评估体系，提出相应的网络教材大纲，明确网络教学开展的时间、任务、目的和要求。以学生自主学习为中心，思想政治理论课教师和助教相配合的模式，及时引导学生掌握运用马克思主义理论和方法认识问题、分析问题。网络教学平台采用单元制集中评测与自主测试相结合的方式，拓展、深化、提高大学生专题式课堂教学成果的掌握程度，在自主学习中锻炼和提升大学生认识、分析、解决社会问题的能力。网络教学平台帮助学生提高自主学习能力、提高掌握知识的本领，帮助学生养成批判性思维、创造性思维，使他们善于发现问题、提出问题等。推进基于问题意识的网络教学模式，使学生前置对教材内容的学习，这样更有利于课堂教学中内容的传授。

---

① 侯利标，李小平.厦门大学马克思主义学院院史[M].厦门：厦门大学出版社，2021：134.

网络教学充分尊重学生兴趣需求，做到因材施教。思想政治理论课网络教学过程可分为课内和课外两大环节，课内网络教学主题与学生的专业兴趣相结合，直面现实中的真问题，激发学生的创新意识，充分尊重学生兴趣与爱好，鼓励他们参与新媒体平台制作，用自己的见闻、所思所感，以微电影、视频网络日志（vlog）等多种形式，展现对知识的掌握程度。课外网络教学则可以依托学校平台、新闻资源、前沿科技信息与时政热点等开展知识竞赛、网上答疑、视频互动等方式。学生可依据个人兴趣自主选择网络平台与现实情景自行对接，并自行组建跨学科、跨专业、跨年级的网络社群，本着头脑风暴、思维碰撞的原则，开展网络研讨活动，促进网络教学与知识应用相结合，提高学生综合素质和创新能力。学生在思想政治理论课程网络测试中，综合运用马克思主义理论与方法，透过现象看本质，特别注重复盘型思维，深入经典著作、课本和社会实践，为知识信息检索与知识图谱衔接等提供全方位总结，使学生在轻松自主的期末测评中激发科研兴趣，转化为学术成果。

二、探索未知——因需施教

网络教学需处理好教师输出与学生输入之间的关系，做到既能激发学生探索未知的热情与积极性，又能促使教师根据学生表达的需求因需施教。网络教学的重要目的之一就是鼓励学生探索课外知识、拓宽理论视野、增长对未知领域的见识。教师可以根据网络教学的课前反馈结果，按照不同的受众群体需求进行针对性备课，课中结合学生课堂反馈侧重性讲课，课后面对同学在网络教学平台上反映的疑难困惑进行全方位补课，有助于思想政治理论课程真正融入学生脑中，价值方法走入学生心里。探索未知就是大学生对通过各种信息终端获取到的社会现象或社会事实带有一定的好奇心。由于大学生面对"对象化"的现象和事实具有不同层次的理解，一些经验现象很难被观察者既有经验所理解，这些往往成为理论需要回应和讨论的"问题"（所谓"经验困惑"）。网络教学平台就是师生在虚拟空间随时随地互动的信息媒介，学生在网络平台匿名留下疑问，教师则能够在平台上因需施教，达成了平等互动的氛围。

网络教学设计还对整个教学工作进行规划，制定出分单元分章节的新媒体制作和展示具体策略，教师通过了解学生发现问题的情况，帮助其建立不同现象间的联系，直到建立起解释这种联系的规律性认识。因需施教的主要目的是师生共同探寻某种社会现象和热点问题同课堂内容的链接，为进一步分析和探讨类似社会现象间的联系打下基础。因需施教，事实上就是教师通过互联网信息终端陪伴、指导、督促学生根据特定社会现象或事物，由经验上升为理论、由理论到实际、由具体到抽象的学习过程，它是沟通抽象的理论概念与具体的经验事实的一座桥梁，它能让那些本来在课本上靠思维去理解和体验的东西，"变成"可以看得见、摸得着的东西。

第二节　网络教学平台的总体设计与应用

为了解决思想政治理论课教学目前所存在的困难，改变传统单一的教学模式，弥补传统课堂的局限性，进一步体现"以学生为中心"的教学理念，增强思想政治理论课的实效性，我们将网络教学综合平台引入公共课的教学中，对公共课进行教学改革，实现网络教学和课堂教学相结合的混合式学习方式。网络教学平台的运用不仅弥补了传统课堂和教学模式存在的缺点，而且可以跨越时空的限制，增加教师和同学之间的互动交流，从而提升学生的学习效率，增强学生学习的积极性、主动性，激发学生的好奇心、探索欲和创造性。

一、网络教学综合平台功能介绍

网络教学综合平台是一个集教师信息、课程信息、课程介绍、课程通知、课程学习、教学资源、在线测试、答疑讨论、课程问卷等功能于一身的综合教学平台。网络教学综合平台的框架图和功能如图4-1、表4-1所示。

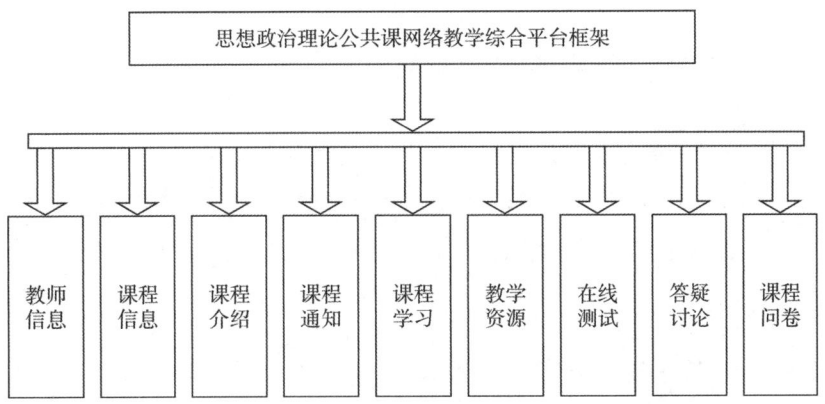

图 4-1 思想政治理论课网络教学综合平台总体架构图

表 4-1 思想政治理论课网络教学综合平台模块功能介绍

模块	功能
教师信息	将教师姓名、所属院系和个人简介公布在平台上
课程信息	将网络平台在线课程的基本信息发布在平台上。主要包括课程所属院系、课程通知数、选课学生数、课程讨论区主题数、课程讨论区发文数、课程题库试题等
课程介绍	将教师讲授课程的基本信息介绍给学生。主要包括课程性质和教学目标、课程的历史沿革、师资队伍等
课程通知	向学生发布新的关于学习活动的信息。如在线测试的时间安排、新的课程讨论小组、新的学习任务等,对于学生普遍要求回答的问题,也可在这个模块进行解答
课程学习	与本课程学习相关的索引功能模块,学生可以通过这个模块直接进入任何一个功能模块进行网络学习,如基本信息、课程通知、答疑讨论、课程作业、课程问卷、学习笔记等
教学资源	对本课程学习有帮助的所有教学资源,如教学课件、课程视频等
在线测试	对学生的学习成果进行阶段性考核,设置以单选题和多选题为题型的三个题库练习以及三个在线测试,学生提交试卷后系统会自动判卷打分,将在线测试成绩纳入最后的成绩考核中
答疑讨论	学生将问题以发帖的形式发布在平台上,由教师进行答疑解惑,实现师生之间互动交流
课程问卷	将与课程学习有关的课程问卷发布在平台上

二、网络教学综合平台的应用

网络教学平台的应用是在现实操作中持续更新并不断向前推进的过程，包括前期准备（对综合平台进行基础建设）、中期维护（巩固检验学生学习成果）、后期考核（最终将多种因素纳入网络课程成绩，并将网络课程成绩纳入学生总成绩）。

（一）前期准备：充实网络教学学习资料

在每个学期课程开课之初，需要对网络教学综合平台进行基础性建设，方便学生后期网络学习和在线测试等活动的顺利进行。主要工作包括课程栏目建设，上传教学大纲、教学资源，导入选课学生名单，引用试题试卷库，设置答疑讨论等。学生可以在任何时间和地点，登录网络教学综合平台，查看教学资源、教学大纲等内容，提前进行课程预习，也可以根据个人的学习情况有针对性地进行复习，弥补自身学习的漏洞。网络教学综合平台中设置了答疑讨论模块，可以实现师生在线互动交流，学生有任何关于本课程的问题都可以在这个模块里提出来，由教师进行回复。

（二）中期考核：监督考核学生学习成果

为了发挥网络教学对课堂教学的支撑和弥补作用，网络教学综合平台设置了三个题库练习，学生可以在课余时间进行题库练习，检验自己的学习成果，针对自己课上学习的漏洞，查漏补缺；同时设置了三个在线测试，对学生的阶段性学习成果进行考核，督促巩固学生的知识学习，从而避免学生考试只靠最后的突击，增强思想政治理论课的教学实效性。

（三）后期评价：计算学生网络课程成绩，纳入最终成绩考核

题库练习和在线测试结束之后，将学生的网络成绩按照各部分所占的比例计算导出，学生的网络课程成绩将按照占期末成绩的 30% 纳入最后的考核之中。计入网络成绩的因素为学生登录网络教学综合平台进行学习的次数、学生的三次在线测试的成绩以及学生在答疑讨论模块的活跃度等，这些都将有效激

发学生对思想政治理论课的参与兴趣，巩固学生的知识体系，提高学生的学习效率。

第三节 网络教学的要求

一、网络教学顺利实施的要求

（一）调动教师积极性，提升教师信息素养

教师的信息素养关系到网络课程教学能否更好地发挥作用。在当前互联网迅速发展的情况下，依然存在教师信息素养落后的问题，有些教师不愿跟随时代，增强自身的信息素养，甚至部分教师由于网络素养和技术落后，无法和学生进行有效的良性互动。这在网络教学中表现为只有学生问而教师的回答则相对较少，网络课程教学中的师生互动交流板块容易形同虚设，严重阻碍了学生与老师在网络上交流互动的积极性，对网络课程教学的顺利实施造成一定的障碍。提升信息素养要求教师强化信息意识，对信息要有敏锐度和感知力，及时丰富和更新信息储备；注重学习信息知识，了解信息科学技术的发展及其教学应用；要提升自身信息化教学能力，熟练掌握计算机和网络设备的操作，进行信息化教学设计。教师还要树立新网络课程教学理念，注意以学生为本，改变传统的教师主导的观念，注重发挥学生的主动性和积极性，促进学生的全面综合发展。

（二）实现网络课程教学内容科学化和多样化

网络课程教学内容直接决定了网络课程教学对学生的吸引力，影响学生学习积极性。网络课程教学中的教学资源和题库练习是学生进行网络学习的主要内容。如果网络课程教学资源不够优质，则会降低网络课程教学对学生

的吸引力，降低学生学习的积极性和主动性。因此，要提升教学资源的质量，首先要及时更新网络课程教学资源和试题库，要与时俱进，根据社会理论和实践的发展，丰富网络课程教学内容，保证网络课程教学内容能跟上时代和社会的发展步伐，不与社会和现实脱节。其次，网络课程教学内容不能空谈课本的理论知识，否则只会枯燥乏味，也应当善于将理论和社会现实结合起来，引导学生对当前重大社会现实问题进行积极的思考。最后，网络课程教学中的教学资源应当与课堂教学的内容相互补充，不能只是课堂教学内容的简单重复，不能仅仅包括课堂的课件，与课堂教学内容相比，要有所丰富创新和发展，可以将与课程相关的名著上传到教学资源板块，鼓励学生阅读经典名著。题库练习和在线测试是学生进行网络学习和检验学习成果的主要手段，大部分学校在这方面做得比较成熟。但是，想要更好地发挥试题库和题库练习的作用，就要根据学生的知识结构和认知结构设计好试题，认真选取试题库的内容，"既要有包含掌握基本概念、基本原理的内容，也要有包含运用知识的内容；既有记忆性的题目，也有综合分析性的题目"。[①]

（三）实现网络课程教学评价考核制度化

当前网络课程教学要想更好地发挥其作用，应当注重优化其考核和监督评价手段，并将其制度化。网络课程教学评价考核是检验学生网络学习的手段和方式，良好的评价考核机制会更好地促进网络课程教学对提高思想政治理论课实效性的作用。但是当前大部分学校的网络课程教学考核是比较随意的，而且各考核部分占比也是不尽合理的，而合理的考核占比则无疑会对学生网络学习起到良好的激励和引导作用。要增加师生互动、学习时长在考核评价中的占比，避免学生只是在教学平台上进行题库练习和在线测试这些注重考试的模块，确定好网络课程教学各部分在评价考核机制中的占比之后，固定下来，实现制度化，向学生传达清晰明确的评价考核机制，保障思想政治理论课网络课程教学顺利进行。

---

① 冯国芳.思想政治理论课网络教学资源整合的目标取向[J].教育探索,2010(12):134-137.

（四）优化网络课程教学综合平台

构建具有特色的思想政治理论网络课程教学综合平台，首先要提高平台管理技术。因为思想政治理论课面向全校学生，要避免因为学生多而出现系统崩溃的问题，影响学生的在线测试，增加教师和助教的工作量。其次要加强网络课程教学综合平台的板块设计，让思想政治理论课的网络教学平台不再局限于单调的网页和文字，丰富网络教学平台的内容和形式，加强不同网站、视频、书籍的整合，让平台更加丰富，有特色，有吸引力。

（五）丰富网络课程教学形式

随着网络课程教学的发展，慕课、翻转课堂、BBS论坛、可汗学院、博客包括现在出现的ChatGPT（人工智能技术驱动的自然语言处理工具）等现代化的教学形式也日益流行。当前思想政治理论课网络教学主要依赖网络教学综合平台推行。而面对日益发展的网络教学形式，思政课教师应当跟上时代发展的步伐，走在时代发展的前列，不断丰富网络教学形式，改变过去思想政治理论课呆板、单调的特征，让思想政治理论课更加丰富多样。近十年来，厦大马院思想政治理论课实行课堂教学、网络教学、实践教学"三位一体"的教学模式，其中网络课程教学虽然取得了不错的效果，但还是存在一些问题。为了使思想政治理论课网络课程教学顺利进行，不仅需要学校在经费、政策和保障机制等方面给予大力支持，以调动教师积极性，而且需要加强网络课程教学综合平台建设，实现网络课程教学评价考核制度化，丰富网络课程教学方式，从而实现网络课程教学更加科学化和多样化。

总之，思想政治理论课网络课程教学是一种现代化教学方式，它适应了教学信息化的时代要求和教学对象信息素养不断提高的现实要求，对于提高思想政治理论课教学实效性发挥着重要的作用。为了更好地发挥思想政治理论课网络课程教学的作用，不仅需要提升教师的信息素养，转变传统教学理念，增加网络课程学分以及教学工作量计算指标以调动教师积极性，促进教师和学生进行网络互动，实现网络课程教学更加科学化和多样化，而且需要加强网络课程教学综合平台建设，实现网络课程教学评价考核制度化，丰富网络课程教学方式。

二、网络教学规范的补充要求

为了紧跟现代技术发展，我们每个学期对网络教学的形式、内容和要求另发一个规范进行说明，以 2021 年春季学期网络教学规范的补充说明为例。

（一）使用清华在线平台或手机微信"课堂派"APP 试点

每个教师在第一堂课，向学生说明网络教学课程问卷、网络测试、成绩分配等相关事项。网络问卷、网络测试、题库练习、课件等使用清华在线平台。建议各教研部期末闭卷考试增加选择题，选择题从清华在线题库出。由思政教研部试点手机微信"课堂派"APP，该教研部的网络测试不用清华在线的网络测试。

（二）明确网络教学的目的

第一，通过学生网络自学和测试，填补专题化教学留下的知识性内容的教学空白。

第二，通过网络调查问卷，教师了解学生学习情况。学生需要完成两次网络调查问卷。具体包括：（1）网络调查问卷 1 在开学初进行，了解学生关注的热点、难点问题，以对专题教学内容进行整合与提炼。（2）网络调查问卷 2 在学期末进行，调研学生对"三位一体"教学改革成效的看法，教师应根据反馈回来的调查问卷，对下学期教学工作进行改进。

第三，网络考核和成绩分配。网络课程成绩占 20 分；网络课程最终成绩以 100 分制标准设置；网络课程最终成绩为课程问卷成绩（占比 25%）与在线期末考试成绩（占比 75%）之和；调查问卷为实名问卷，参与期初和期末两次问卷就得 25 分。在线期末考试每人有 2 次答题机会，取最高分。

第四，教师需对学生填写网络问卷、进行网络测试予以引导说明。教师应该在开学前认真阅读《马克思主义学院网络课程系统操作指南》，防止出现学生错过填写问卷、测试等问题的出现。布置班级助教开设课程班级群，亲自或通过助教在班级群里向学生发布有关通知、对学生疑问加以及时解答。

第五，网络答疑形式。利用网络教学平台板块进行提问不计入分数，但教师必须提供给学生电子邮箱或者 QQ 号、微信号，让学生有一定渠道与老师进行网络答疑互动。

第六，提醒学生进行网络问卷和测试。鉴于每个学期都有学生漏答网络问卷和漏考网络测试，之后又以多种理由进行投诉，教师和助教要做到在开学初、开学过程和考试前三天加以提醒。在提醒到位后，对于漏答和漏考者，非平台技术原因，严格要求，不得重新开放考试。

调查问卷为实名问卷，参与期初和期末两次问卷就得 25 分。在线期末考试每人有 2 次答题机会，取最高分。

第五章　实践教学的具体设计

实践教学的目的在于强化实践育人教学理念，改进思想政治理论课教学方式，深化和拓展思想政治理论课教学内容，提高思想政治理论课教学的针对性、实效性、现实性，增强大学生服务国家、服务人民的社会责任感，培养学生勇于探索的创新精神和善于解决问题的实践能力。基于此，厦门大学成立了实践教学中心，负责协调、指导长学期、短学期和暑期社会实践活动的相关事宜，马克思主义学院教师负责学生的动员、组织，指导学生选题，全程指导学生实践活动，负责实践报告批改和成绩评定等。学校鼓励相关专业教师和党政人员参与学生社会实践活动的指导工作。

为落实实践教学全员参与，实现覆盖全体本科生的要求，让所有本科生在思想政治理论课学习期间都能参与相关的社会实践，同时兼顾部分重点的实践项目深化拓展的需要，实践教学分为在长学期与课堂教学同时推进的实践教学环节和在短学期、暑期进行的实践教学环节。

第一节　实践教学的核心要义

一、问题导向——产学研结合

习近平总书记高度重视思想政治理论课实践教学。在学校思想政治理论课教师座谈会上,习近平总书记强调了增强思想政治理论课实践性的重要意义:"马克思主义是在实践中形成并不断发展的,要高度重视思政课的实践性,把思政小课堂同社会大课堂结合起来。"① 近年来,党和国家接连颁布关于实践教学的一系列政策文件,主要包括《教育部等部门关于进一步加强高校实践育人工作的若干意见》《关于深化新时代学校思想政治理论课改革创新的若干意见》《新时代学校思想政治理论课改革创新实施方案》等。这一系列文件均强调了高度重视实践教学、做好做实实践教学的意义与作用,还围绕实践教学的内容、方法、载体、平台等具体事项进行了详细阐述,为各级各类学校持续推进思想政治理论课实践教学提供了重要指导。

加强思想政治理论课实践教学有利于培育学生勇于探索的创新精神、增强学生善于解决问题的实践能力,是推动学生增强社会责任感、成长成才的必由之路。从现实情况来看,思想政治理论课实践教学的作用仍然不够凸显、其所具有的重要意义仍然未被充分认识,思想政治理论课实践教学的效果与质量亟待提升。在思想政治理论课"三位一体"教学模式中,实践教学作为其中的重要一环,主要致力于解决以下三大问题:第一,学生重认知轻认同。当前,仍然有诸多学生更加注重专业课程知识的学习而忽视了理想信念教育的重要意义,且单纯的思想政治理论课课堂教学还不够贴近学生的日常学习生活,无法从根源解决学生的思想困惑。实践教学注重在实践活动中引领广大学生不断内化理想信念,以"政治认同、思想认同、理论认同、情感认同"解决思想政治理论课教育"最后一公里"。第二,教师重理论轻实践。部分高校教师对理论研究、课堂教学投入了更多的时间与精力,缺乏参与实践教学的机会。实践教学被设置为思想政治理论课的必要环节,为教师提供了走出课堂教学、参与调查研究的平台,有助于激发教师参与实践教学的积极性、提升教师开展调查研究的本领。第三,个别部门重单向发力轻协同育人。思想政治理论课实践教学是一项整体性、系统性工程,要开展好相关工作必须构建起多部门共同协作的体制机制。

党的二十大报告提出:"育人的根本在于立德。全面贯彻党的教育方针,落实立德树人根本任务,培养德智体美劳全面发展的社会主义建设者和接班

---

① 习近平.思政课是落实立德树人根本任务的关键课程[J].求是,2020(17).

人。"① 这是对高校思想政治理论课实践教学提出的新要求。要提升实践教学效果与质量、发挥实践教学的育人功能，必须紧密结合学生的身心发展规律、专业知识与技能水平，同时面向世界科技前沿和经济主战场，结合国家和民族发展的重大需求来推进实践教学，"推动思政课实践教学与学生社会实践活动、志愿服务活动结合，思政小课堂和社会大课堂结合，鼓励党政机关、企事业单位等就近与高校对接，挂牌建立思政课实践教学基地，完善思政课实践教学机制"。② 在带领学生走向祖国大地、田间地头的过程中，引领广大青年学生将理论课堂所学与社会课堂所需结合起来，将个人发展与小我梦想融入全面建成社会主义现代化强国的历史伟业之中。

厦门大学高度重视社会实践的重要性，把思想政治理论课实践教学列入教学改革的重点议题，制定和实施了《厦门大学思想政治理论课实践教学实施办法》，严格落实实践教学学分、推动实践教学进入本科生课程教学环节，并覆盖全体本科生。

厦门大学坚持问题导向的实践教学模式，聚焦马克思主义中国化进程中的重大理论和现实问题、青年思想成长过程中的重大现实问题来开展实践教学。在坚持问题导向的基础之上，实践教学着眼于"产学研一体化"的重要目标，围绕社会改革发展中的热点问题，统筹课堂内外、校园内外两个层次四个维度的思政育人元素，探索教师和学生共同参与的"研究—创新—实践"实践教学模式，搭建政府、企业、高校共同参与的思想政治理论课教学平台，着力理顺实践教学的管理、组织体制机制，大力拓展实践教学的资源、平台与机会，鼓励思想政治理论课教师走出课堂融入社会，组织学生分赴全国各地开展实践调研、志愿服务、专业实习，在实践中激发学生的爱国心、报国情、强国志，以不断提升学生的思想素质、综合素养。以"产学研一体化"为目标的实践教学有效地将学生引领到产业发展第一线、乡村振兴第一线、技术难关突围第一线，推动了教学、科研与社会服务的良好结合。教学、科研与社

---

① 习近平.高举中国特色社会主义伟大旗帜 为全面建设社会主义现代化国家而团结奋斗：在中国共产党第二十次全国代表大会上的报告[M].北京：人民出版社，2022：34.

② 中共中央办公厅 国务院办公厅印发《关于深化新时代学校思想政治理论课改革创新的若干意见》[EB/OL]. [2023-07-26].https://www.gov.cn/zhengce/2019-08/14/content_5421252.htm.

会服务的紧密结合，减少了教学与科研"两张皮"以及科研工作与国家需要相脱节的现象，发挥了高校师生在为政府提供咨政报告、解决理论成果应用问题方面的作用，有助于师生全身心地投入实践教学全过程，有助于培育有全面的素质能力、有创新创业精神、有服务于经济社会发展能力的"主力军"。

厦大马克思主义学院在推动以"产学研一体化"为重要目标的实践教学的过程中，重视做好以下三个"注重"：第一，注重完善实践教学的保障机制，从组织、经费、制度、平台四个层面入手，全方位夯实实践教学的基础。第二，注重建设凸显问题导向、可供持续跟踪的问题库。近年来，马克思主义学院形成了紧跟时代热点的研究议题，主要包括：闽山闽水物华新——习近平在福建的足迹、乡村振兴、基层党建、闽东抗战档案整理、红色文化与中国共产党人的精神谱系、大学生思想政治理论建设、生态文明建设、城市治理等。第三，注重成果转化，助力提升师生教学科研水平。依托扎实的实践教学组织工作，鼓励师生撰写实践教学著作、发表实践教学论文、撰写咨政报告、申请相关的课题项目、参与"挑战杯"等创新创业比赛，将实践教学的课题调研活动与开展服务国家和地方改革发展需要的科研工作结为一体，通过课题调研的途径打通实践教学与咨政服务。此外，学院所构建的实践教学基地同时承担为地方共建单位所在地区培训干部的任务，地方共建单位所在地区也积极推荐有关专家不定期地来校参加思想政治理论课教学，极大推动了实践教学成果的转化。

二、多维协同——大思政育人

当前，我国已迈入全面建设社会主义现代化国家新征程。新的历史方位、新的时代任务对思想政治理论课的发展提出了更高的要求。近年来，"大思政课"建设成为思想政治理论课高质量发展和持续创新的重要抓手。习近平总书记强调指出："'大思政课'我们要善用之，一定要跟现实结合起来。"[1]2022年7月，教育部等十个部门印发了《全面推进"大思政课"建设的工作方案》，提出坚持从立德树人的高度进行顶层设计和统筹谋划，强调要从改革创新主渠道教学、善用社会大课堂、搭建大资源平台、构建大师资体系、

---

[1] "'大思政课'我们要善用之"[N].人民日报，2021-03-07(1).

拓展工作格局、加强组织领导这六个方面入手来全面建设"大思政课"。《全面推进"大思政课"建设的工作方案》为思想政治理论课高质量、可持续发展的路径提供了根本遵循与重要指导。"大思政课"建设要求"建设'大课堂'、搭建'大平台'、建好'大师资'"①，通过调动全社会力量和资源，形成强大育人合力，推动思政小课堂与社会大课堂的良好结合。

在"大思政课"建设之中，实践教学是其中的关键环节。习近平总书记强调："思政课的本质是讲道理，要注重方式方法，把道理讲深、讲透、讲活。"②而实践教学则是讲深、讲透、讲活道理的重要依托。在推进"大思政课"建设过程中开展实践教学具有不可替代的价值与作用。实践教学主要指的是引领学生通过社会调查、志愿服务、专业实习等方式，以亲身体悟、直接观察的方式深入经济社会发展现实之中，收集一手资料，开展分析研究。在"大思政课"建设中开展实践教学，倡导思想政治理论课教育要遵循知识、能力、信仰与实践的辩证统一原则，有利于引导学生深入观察当代中国的改革创新实践、真切感受时代发展的脉络脉搏，有利于引导学生贯通理论知识与实践技能，进而深刻掌握正确的立场、观点与方法，牢固树立正确的世界观、人生观、价值观。

2022年，在教育部等十部门印发的《全面推进"大思政课"建设的工作方案》中，"善用社会大课堂"被作为推进"大思政课"建设的重要途径。并提出，要从以下四个方面来推进实践教学：其一，构建实践教学工作体系。要推动形成学校党委统一领导、马克思主义学院积极协调、各职能部门密切配合、思想政治理论课教师和辅导员队伍共同参与的实践教学工作体系。其二，落实思想政治理论课实践教学学时学分。高校要严格落实本科2个学分、专科1个学分用于思想政治理论课实践教学的要求，精心开展实践教学大纲的设计，有条件的高校可以开设专门的实践教学课。其三，运用多样化的实践教学形式。高校要利用志愿服务、理论宣讲、社会调研等实践活动，引领学生参加中国国际"互联网+"大学生创新创业大赛青年红色筑梦之旅、习近平新时代中国特

---

① 教育部等十部门关于印发《全面推进"大思政课"建设的工作方案》的通知[EB/OL].[2023-08-10].http://www.moe.gov.cn/srcsite/A13/moe772/202208/t20220818_653672.html.

② 坚持党的领导传承红色基因扎根中国大地　走出一条建设中国特色世界一流大学新路[N].人民日报，2022-04-26(1).

色社会主义思想大学习领航计划、"小我融入大我,青春献给祖国"主题社会实践、"技能成才,强国有我"主题教育等。其四,建好用好实践教学基地。教育部要分专题设立一批"大思政课"实践教学基地;各地要加强研究和开发资源,积极创造条件,着力建设"大思政课"实践教学基地;实践教学基地也要与各地教育部门、各级各类学校建立有效的联动工作机制,共同协作以完成好教学任务。

在推进"大思政课"实践教学的过程中,厦门大学着力构建了多维协同的教学体系模式,从教学体系、运作方式、保障机制三大层面入手,致力于做"实"、做"活"、做"通"实践教学。

首先,构建"全覆盖全过程全链条"实践教学体系,做"实"实践教学。将实践教学列入整体课程教学计划,落实实践教学学分,保证实践教学覆盖全体选课学生;推动实践教学与春季长学期课堂教学同步、与短学期调查方法培训衔接、与暑期实地调研联结、与秋季长学期孵化成果共生的全过程实践教学;形成了系统且规范的实践教学流程。各个教学环节任务明确,环环相扣,做到了全链条闭环管理。

其次,推行"师生共建课题组课题式研究"的运作方式,做"活"实践教学。在实践教学的组织过程中,厦门大学注重做到以下三"活":一是人员"活"。拓展实践教学的带队老师和指导教师的遴选范围,发动来自全校各院系各部门的教职工参与实践教学带队工作。二是课题"活"。在形成调研课题库的过程中,注重紧紧围绕社会发展的重大理论和现实问题、学生关切的特点焦点问题,联系教师科研兴趣与特长而展开,积累了一系列灵活多样、丰富多元的实践教学主题,有力激发了学生的研究兴趣。三是调研方式"活"。为了提升实践教学的效果,重视引导学生运用文献阅览、问卷调查、访谈和观察记录等定性与定量研究方法,推动学生从多角度、多层面收集资料、思考问题、解决问题,以真正发挥思想政治理论课实践教学的育人作用。

最后,建立协同育人的"大思政"实践保障机制,做"通"实践教学。厦门大学主要从组织、经费、制度、平台这四个方面入手,推动实践教学质量的稳步提升。在组织方面,学校成立思想政治理论课实践教学工作领导小组,由学校、学院领导和各教研室主任任领导小组成员。厦门大学思想政治理论课实践教学工作领导小组下设思想政治理论课实践教学中心,中心挂靠马克思主义学院。中心的主要职责是向思想政治理论课实践教学工作领导小组提出实践教学方案，负责落实厦门大学思想政治理论课实践教学工作，包括设计安排长学期思想政治理论课实践教学和短学期及暑期开展的实践教学的相关工作。同时，学校党委宣传部、校团委、人事处、研究生院、教务处、学生处等单位对中心工作提供必要的支持，协助马克思主义学院顺利开展工作，发动学校各部门各学院广泛参与暑期社会实践组织与带队。在经费方面，学校为实践教学专门划拨经费，支持老师和学生在短学期和暑期进行的实践活动，用于资助实践队的差旅费、住宿费、伙食费、资料费及出版费、奖励优秀调查报告和优秀个人及带队教师等。各学院根据实际情况对实践团队给予一定的经费支持，推动教师、学生走出学校所在地，奔赴全国多个省份，到最能使学生受到教育和锻炼的地方，让学生得到最大的收获。在制度建设方面，厦门大学颁布了《厦门大学社会实践合同管理细则（试行）》《厦门大学研究生社会实践与创新实践管理办法》《厦门大学思想政治理论课实践教学实施指南》等一系列政策制度，围绕社会实践的参加范围、实践内容、组织形式、经费保障、考核要求以及实践基地建设制定了具体规定和详细指南。在平台建设方面，学院与学校有关部门积极配合，适时改进网络操作等技术层面的工作，不断完善网络平台的软硬件条件。同时，积极推进实践教学基地建设。实践教学基地采取校地共建的方式，按教学、科研和社会服务"三位一体"的模式来运作。学院和对方共建单位共同指派专人负责基地的建设和实践教学活动的组织管理，双方分别选派教师和有关专家负责对实践教学活动进行指导，有力地提升了实践教学基地的运行质量。

第二节 实践教学指南

在"三位一体"教学模式中，实践教学承担着贯通理论与实践、融合知识与技能、联结学校与社会的重要角色，是课堂教学、网络教学的延伸、深化与拓展，有助于鼓励和支持广大学生投身社会实践，让学生在社会实践的大课堂中受教育、长才干,有助于引领广大学生深刻体会和感受中国特色社会主义实践所取得的伟大成就,增强学生的中国特色社会主义的道路自信、理论自信、制度自信、文化自信。

一、实践教学总体原则

为了有效推进实践教学,需要确定实践教学的总体原则。

(一)坚持实践教学为思想政治理论课教学服务的原则,把实践教学作为思想政治理论课教学过程中的重要环节,做好做实。

(二)坚持思想政治教育与社会实践相结合。结合当前社会的重大理论和现实问题开展社会实践活动。

(三)坚持理论学习、创新思维与社会实践相统一。发挥思想政治理论课教师的引导作用,充分考虑学生的专业特点、兴趣爱好,注重因材施教。

(四)坚持全员参与和重点实践项目深化拓展相结合,精心组织,周密安排,注重实效,坚持安全第一的原则。

二、实践教学中心的工作职责

实践教学中心是统筹规划思想政治理论课教学的重要校级机构,其工作职责的确立和落实非常重要。

第一,建设实践教学问题库。学期初应围绕经济社会发展热点来进行重大理论和现实问题的搜集,建设能够持续跟踪研究的问题库。各门课程的实践教学问题库应结合课程的基本特点有所侧重,并随时势变化而调整。各教研部将实践题库分发各位任课教师参考,任课教师可以结合经济社会热点、研究特长来开展对学生选题的指导,并注意避免同一选题被过多重复使用。

第二,实践教学指导教师团队组建。根据各教研部现有教师队伍情况,合理设置实践教学专题,安排教师结合自身研究特长来参与实践教学带队工作。鼓励其他学院教师、辅导员、党政人员和研究生教学助理共同参与学生思想政治理论课社会实践的指导工作。担任思想政治理论课教学任务的教师负责指导任教班级学生的社会实践事宜。

第三，组织开展实践教学。指导教师须对任教班级的学生进行实践活动动员，说明本学期实践教学的具体安排与详细要求。引导学生遴选合适的实践主题，开展社会调查方法培训。在实践结束后，组织学生按要求撰写实践报告、进行汇报展示，教师对实践报告及实践成果展示情况进行点评、总结与成绩评定等工作。

三、实践教学主要形式

为了进一步培养学生学习的积极性和主动性，实践教学可以运用丰富的教学形式，主要形式如下：

（一）课题式社会调查

结合经济社会发展热点问题和课程学习内容，任课教师设置相关研究课题，学生自选课题或自创课题，并分组开展课题调研。学生按自愿原则组成10人左右的小组，通过文献搜集、问卷调查、访谈和观察等方法，深入社会实际，进行资料收集、分析研究、讨论论证、总结规律、提炼观点，并以小组为单位撰写调查报告。

（二）辩论会、演讲赛

由任课教师组织学生就某些主题进行辩论或演讲。要求学生围绕辩论或演讲的主题，以个人为单位撰写小论文。

（三）参与公益活动

由任课教师组织学生开展有主题的公益活动，或者学生自行参与市、校组织的或社团组织的相关公益活动，亲身体验、亲身感受，增强认知、激发情感，并将所学所知付诸实际行动。活动结束后，以个人为单位撰写心得体会。

（四）情景剧创演或拍摄

围绕某部分教学内容来设定主题，以小组为单位，学生从历史资料和现实生活中搜集素材、编写剧本。通过扮演剧中的各种角色，教师引领学生置身于情境，增强学生的感受体悟，提升对所学理论知识的理解和应用。活动结束后，除提交相关视频外，以个人为单位撰写心得体会。

（五）主题课件制作与宣讲

根据教学内容、学生的专业和兴趣布置相关的主题，学生进行广泛阅读，分组进行资料搜集、分析研究、集体讨论，提炼观点，制作PPT进行主题宣讲，并以小组为单位形成总结报告。

（六）现场教学

结合教学内容，选取合适的社会实践基地、爱国主义教育基地、教学联系点等实践场所，组织学生走出校门进行现场教学。要求学生结合现场教学，以个人为单位撰写感受。

（七）其他实践形式

鼓励任课教师在实践教学中进行内容与形式的创新，如采取新的实践教学形式应向学院作书面备案。

根据各门课的特点，我们确定"中国近现代史纲要""马克思主义基本原理"在长学期可实行多种形式的社会实践，"思想道德与法治""毛泽东思想和中国特色社会主义理论体系概论"在秋季学期实行多种形式的社会实践，在春季学期重点实行"课题式社会调查"形式的社会实践。长学期的实践活动地点原则上仅限于厦门本地及周边邻近地区。通过网络或者借助外地同学朋友关系协助进行的调查不在此限。

短学期、暑期进行的实践教学，是在长学期实践教学成果的基础上的深化和拓展。长学期所有的实践成果要在短学期和暑期进行深化，共同参加10月份思想政治理论课优秀实践成果的评选。短学期、暑期进行的实践教学对长学期已发现的优秀实践成果重点培育和深化，鼓励优秀成果团队成员参加全校性选修课"社会调查方法论"，继续推进"课题式社会调查"形式的社会实践。短学期、暑期的实践活动地点不局限于厦门本地及周边邻近地区。

四、课题式社会调查报告的具体要求

（一）实践报告个人完成的，原则上应以个人为单位提交一份不少于5000字的实践报告；如是集体完成的，原则上应以集体为单位提交一份不少于1.5万字的实践报告，同时须详细注明执笔人及小组每位成员的具体贡献。

（二）实践报告的内容要求观点正确，数据及文献可靠，条理清晰，格式规范，注重实证调查研究，强调理论联系实际，能运用相关理论知识对某些社会现实问题进行剖析，有一定的独立见解。实践报告严禁抄袭、剽窃或捏造、伪造，否则，实践活动成绩计为零分。

（三）纳入实践教学对象的学生均须按要求参加社会实践。如有特殊情况确实无法参加的，应参照学校有关课程免修的规定办理相关手续，学生必须征得马克思主义学院同意，并报教务处备案，才能调整其思想政治理论课的成绩构成比例。

（四）实践教学完成后，学生提交《实践调查报告》，参加实践的学生按组或个人在规定时间内须填写"实践教学计划表"，并经指导教师审核通过。指导教师要填写"实践教学总结分析表"，三份电子文档由指导教师整理后提交教研室，然后由教研室统一整理提交学院教学秘书，纳入教学档案管理，否则对相应师生不予成绩评定和工作量计算。

（五）课题式社会调查实践活动结束后，在课题组指导教师的指导下，学生应参与调查资料的整理工作和调研报告的撰写；每位学生应在规定时间内提交一份不少于1000字的个人实践情况总结，除了阐述心得体会，还应包括说明个人在课题组调研实践活动过程中的表现和具体贡献。否则不予登记课程成绩。

（六）除搜集调研所需的信息资料，实践教学中师生要同时注意搜集留存各类调研活动的文字图片和多媒体资料，做好宣传报道工作，力求扩大社会实践的影响效果。

（七）积极利用报纸杂志、电视、网络等各类媒体大力宣传和推介实践调查教学成果，以专题论文和专著的形式出版优秀的调查报告。

（八）积极推荐优秀的社会实践成果在刊物上公开发表。

五、实践教学评奖评价

在实践教学评优与奖励方面，学校每学年定期召开一次全校性思想政治理论实践教学优秀成果表彰会暨经验总结交流活动。此项活动由马克思主义学院牵头组织，联合校团委、学生处等有关部门，对优秀实践成果和优秀个人和优秀指导教师进行表彰，颁发荣誉证书并给予一定物质奖励。思想政治理论实践教学中心负责将优秀社会实践成果汇总结集，条件成熟可推荐出版。

实践教学优秀成果的评选具体要求如下：每学年秋季学期在 11 月份对上一学年优秀社会实践报告进行评定，春秋季两个学期的班级都推选优秀报告参加评定。任课老师原则上按班级人数 60 人以上每班推荐 2 份优秀报告，不足 60 人推荐 1 份优秀报告。优秀实践成果由马克思主义学院各教研室轮流分别组织评选，从推荐的实践成果中分别评选出一等奖 3 个、二等奖 6 个、三等奖 9 个、优秀奖若干个，优秀指导教师 3 人左右；由学院组织的短学期、暑期的社会实践成果全部纳入优秀实践成果的评选范围，由学院单独组织评选，设特等奖 1 个（若无特别优秀的则空缺）、一等奖 3 个、二等奖 6 个、三等奖若干个，优秀指导教师 5 人左右，奖励数量可视当年的调研报告质量有所增减，注意遵循宁缺毋滥的原则。学生自行组织的社会实践项目，经马克思主义学院批准备案的，若成果突出的也可列入本系列评选范围。学生另行参与其他方面组织的社会实践成果不列入评选范围。优秀指导教师原则上应为特等奖和一、二等奖实践小组的指导教师。自 2017 年始，每个教研部还推选优秀的微视频，设立一等奖 1 个、二等奖 3 个、三等奖 5 个、优秀奖若干。

在奖项设置及奖励标准方面，实践教学成果评奖设置三类奖项：一是优秀成果奖，以实践报告为主要依据，兼顾团队组织过程，评选特等奖 2～3 名、一等奖 15 名、二等奖 30 名、三等奖若干名、优秀奖若干名。二是优秀个人奖，主要表扬在实践教学表现突出的学生个人，设置 25 名。三是优秀指导教师奖，主要表彰在实践教学中认真负责、成果突出的教师，设置 17 名。

学校会给予优秀成果一定的奖励。

我们不断完善师生参与实践教学的评价制度。学生在实践教学环节的表现作为平时成绩的主要考评依据，纳入各门思想政治理论课的考核评价体系。各门思想政治理论课的学生的社会实践成果分别按30%比例折算成分数计入该课程的期末总成绩。短学期和暑期实践教学的成绩评价方法：学生的实践教学学分和成绩评定以选修课"社会调查方法论"课程的分数认定。学生成绩按"合格""不合格"登记，主要依据课堂理论学习的表现和外出调研实践的表现以及最后的实践成果来评定。

马克思主义学院鼓励所有教师以及其他学院教师、辅导员、党政人员和研究生教学助理参与短学期、暑期的学生思想政治理论课社会实践的带队指导工作。马克思主义学院教师原则上每三年至少两次参与带队指导学生。

马克思主义学院教师指导学生社会实践活动计入教学工作量。学院每年发放课时补贴时包括实践教学在内一并给予补贴。

六、其他注意事项

（一）短学期和暑期实践教学经费与报销

教师和学生在短学期和暑期进行的实践活动所需经费由学校提供。实践教学经费的具体可使用范围根据学校的有关规定另外制定。每年度的相关实践活动经费应在短学期开学前具体落实到位。

根据短学期、暑期调研课题的预算，带队指导教师可按规定预支部分经费，预支经费应在外出实践前到位。短学期、暑期的实践活动结束后，实践团队按学校财务制度及时办理相关报销手续。

（二）教学档案管理

《实践调查报告》与"实践教学计划表""实践教学总结分析表"纳入教学档案管理，保存期3年。

(三)安全保障

在外出实践活动之前,马克思主义学院落实好参加活动的老师和学生的保险事宜,并按学校有关规定和做法以学校及学院名义同参加活动的学生签订安全责任协议。

第三节 四门课程长学期实践教学具体安排

我们以长学期的实践教学为例,具体呈现"毛泽东思想和中国特色社会主义思想概论""马克思主义基本原理""中国近现代史纲要""思想道德与法治"实践教学的具体实施过程。

一、"毛泽东思想和中国特色社会主义理论体系概论"实践教学安排

(一)实施方案

在课程开始后,组织学生开展社会实践队伍组建。班级同学自由组合,每组成员数量约为10人。同时,选出一名负责人负责实践调查的开展与小组工作协调,并作为小组联络员与老师保持联系。教师根据学院所发布的社会实践选题库,指导学生确定社会实践选题。

(二)选题

题目来自教研部提供的选题和学生自己感兴趣的题目。教研部提供的选题较为侧重国家和地方战略发展需求以及国内外具体形势的变化,学生的自主选题则更倾向于结合厦门特色与专业特点。选题库体现实践教学的双向互动与融合。譬如,2021年毛泽东思想和中国特色社会主义理论体系概论教研部提供的选题包括:

1. 新时代经济建设的变化及其影响；

2. 新时代政治建设的变化及其影响；

3. 新时代文化建设的变化及其影响；

4. 新时代社会建设的变化及其影响；

5. 新时代生态文明建设的变化及其影响；

6. 新时代全面从严治党研究；

7. 中国特色社会主义生态文明建设调研——以长汀为例；

8. 乡村德治法治自治调研——以连城芷溪乡为例；

9. 基于大学生调研的高校思想政治理论课问题导向专题改革研究；

10. 供给侧结构性改革背景下的特色小镇建设研究；

11. 当前高校大学生中流行的历史虚无主义现象调研；

12. 新时代乡村振兴战略研究。

学生提交的部分调研题目列示如下：

1. "文化根、红色情、新村梦"——以连城县为例；

2. 厦门大学本科生学风现状调查研究；

3. 厦门湿地环境现状及未来保护发展预测；

4. 厦门本岛陆路交通情况的调查；

5. 从择校热看教育资源分配不均问题；

6. 中国文化创意产业发展现状的研究——以厦门艺术西区为例；

7. 关于互联网安全的现状和解决办法；

8. 从自贸区的前世今生看全面深化改革开放——以上海自由贸易试验区为例；

9. 经济新常态背景下山西资源型城市发展出路的思考；

10. 对《光明日报》文章《构建全球视野下中国话语体系》的论证；

11. 中国饮食文化申遗之路；

12. 西式民主的窘境与中国道路；

13. 从大学生视角看中国"新药方"。

（三）实践要求

在开展社会实践调研的过程中，教师及时跟进并指导小组成员开展合理的分工合作、依据各自的实践选题搜集资料，带领学生通过问卷调查、田野访谈、现场考察等多种方法对所选题目展开实践调查。

实践教学过程的时间一般是教学周第一周完成小组组队工作、确定组长人选以及讨论课和实践展示的相关发言人，并于第二次课抽签决定小组汇报顺序。利用教学过程中的讨论课汇报、共同讨论选题研究思路及相关进度。

调查结束后，要求学生以小组为单位于第15周学期结束之前提交一份不少于5000字的调查报告，并进行相关成果的展示与汇报。实践队进行实践成果汇报时，每组汇报时间为25分钟，答辩时间为每组10分钟，其他小组成员及老师负责打分、提问答辩，每组均应提问至少1个问题。教师根据各小组的调查报告质量、汇报呈现效果等依据来进行成绩评定，并按照20%的比例开展优秀评选。较有价值的社会实践选题可与暑期社会实践相结合，教师可指导学生利用假期时间开展调研和深化研究。

（四）成绩评定

实践成果汇报分数占比50%，实践报告评分占比50%。实践教学按30%比例折算成分数计入该课程的期末总成绩。

二、"中国近现代史纲要"实践教学安排

"中国近现代史纲要"实践教学的方式在多年的探索中，逐渐地形成了多种样态，极大地丰富了实践教学的形式。

（一）实施方案

根据本课程特点，本着使实践教学更有针对性、导向性和专业性的目的，结合近年来学校和学院着力推进实施的"专题教学＋网络教学＋实践教学""三位一体"综合教学改革，采用历史经典阅读、历史主题展评、历史观点辩论、历史课程展示、历史文艺展演、历史专题研讨、历史文化素质拓展和口述历史实践等多种实践形式。

（二）选题

教研部和学生提供了不同的选题。教师和学生在沟通商议后确定具体的实践形式。

1. 浅谈甲午战争与中日关系——兼论甲午战争失败原因及教训（历史问题研讨）；
2. 关于义和团运动的研究分析——多视角下的义和团（历史问题研讨）；
3. 全球化视野下的中国现代化（历史问题研讨）；
4. 改革开放以来的厦门现代化进程及反思（历史问题研讨）；
5. 近代思想禁锢之起源与新文化运动思想解放之启迪（历史问题研讨）；
6. 对立的角色，对立的行为——论《两地书》中的许广平（历史问题研讨）；
7. 《记刘和珍》（历史剧展演）；
8. 《茶馆》（历史剧展演）；
9. 论李鸿章的功与过（辩论赛）；
10. 厦门大学文化遗产再发现暨传统文化再反思（历史文化遗产调研）。

（三）实践要求

"中国近现代史纲要"课程实践教学在探索过程中逐步形成了自己特色，根据教材和学生实际，提出不同的实践类型，也对不同的实践成果提出了自己的要求。"中国近现代史纲要"课程实践教学的要求列示如表5-1所示。

表5-1 "中国近现代史纲要"实践教学类型和要求

实践类型	实践内容要求
历史经典阅读	选取一组经典历史论著进行精读，并对相关观点和论述进行反思与分析，最终形成一组学术性书评文章
历史主题展评	以历史上这学期时间范围内发生的若干重大事件为主轴，收集相关事件的历史图片、历史资料和文献，对相关事件进行历史主题事件或者人物展评
历史观点辩论	围绕着某一争议性或者模糊性的历史观点，展开观点思辨，形成自己的辩论观点和表达文本

续表

实践类型	实践内容要求
历史课程展示	选取中国近现代历史某一历史事件、人物或者历史阶段，制作学术性和趣味性兼具的历史课程课件，进行展示
历史文艺展演	以中国近现代历史为载体，对于选取的相关事件、人物等问题进行艺术性创造，通过自己喜欢的艺术形式展示出来
历史专题研讨	选取某一历史主题，围绕这一主题进行学术性探讨，展示自己的学术观点和学术潜质。如全球化视野下中国现代化问题，当代社会意识形态、价值观和"普世价值"问题，历史视野下科学与人文
历史文化素质拓展	选取某一历史空间或者历史现场进行历史文化调研，体会历史现场感和仪式感，展示自己的学术敏锐性。如厦门大学历史文化遗产体验拓展、闽南历史文化拓展（厦港、曾厝垵）、中西文化交流遗产体验拓展（鼓浪屿、华侨文化）
口述历史实践	围绕中国近现代历史上重大事件的参与者，如抗日老战士、革命老红军等人物进行口述历史访谈，或者围绕着身边的人物（如我的爷爷、奶奶、爸爸、妈妈、老师、同学……）进行口述访谈，提交访谈口述报告

（四）成绩评定

调查结束后，要求学生以小组为单位于第 15 周学期结束之前提交一份不少于 5000 字的调查报告，并进行 20～30 分钟的展示与汇报。教师根据各小组的调查报告质量、汇报呈现效果等依据来进行成绩评定。实践报告与实践情况汇报、展示的情况按 30% 比例折算成分数计入该课程的期末总成绩。

三、"思想道德与法治"实践教学安排

（一）实施方案

在课程开始后，组织学生开展社会实践队伍组建。班级同学自由组合，每组成员数量为 10 人左右。教师根据教研部和学生提供的选题，引导学生结

合在学习生活中遇到的热点难点问题，与本课程相关的人生观、价值观培育问题，与国家战略和经济社会需求相关的重大理论和现实问题，最终确定社会实践选题。在开展社会实践调研的过程中，教师及时跟进每组的调研推进情况，指导学生开展合理的分工合作、依据各组选题开展资料搜集，指导学生通过问卷调查、田野访谈、现场考察等多种方法对所选题目展开社会调查。

（二）选题

以下是"思想道德与法治"教研部和学生在2021年提交的部分实践调研题目：

1. 智能快递箱"鸟箱"使用的调查与思考——以厦门大学及周边社区为例；
2. 城市盲道占用现象及其背后社会因素探究——以厦门市思明区为例；
3. "拆墙不强拆"——对"推广街区制"政策的调查和建议；
4. 骑行厦门——厦门岛内公共自行车系统运作情况及相关研究；
5. 不同语境下隐私权保护问题的调查；
6. 二孩政策推行后的社会变化及原因探究——以厦门市为例；
7. 网络治理中的大学生担当——以网络言论失范及其应对为切入点；
8. 城市养老的现状及其对策研究；
9. "失望的海风"——厦门市海滩问题的调查与建议；
10. 完善公共设施，打造宜居厦门——关于公园公共基础设施设备的调查。

（三）实践要求

学生利用课余时间、周末或节假日，根据实践计划自主开展实践活动，指导教师全程指导学生的实践活动，提供咨询辅导，对学生在实践中遇到的问题予以答疑解惑。

实践活动结束后，要求学生按要求撰写实践报告，并在规定时间内提交实践报告。指导教师可安排部分或全部学生对实践成果进行汇报展示。指导教师负责对实践报告及实践成果展示情况进行点评、批改等相关事宜。

（四）成绩评定

调查结束后，要求学生以小组为单位于第 15 周学期结束之前提交一份不少于 5000 字的调查报告，并进行相关成果的展示与汇报。教师根据各小组的调查报告质量、汇报呈现效果等来进行成绩评定。实践报告与实践情况汇报、展示的情况按 30% 比例折算成分数计入该课程的期末总成绩。

四、"马克思主义基本原理"实践教学安排

（一）实施方案

在课程开始后，组织学生开展社会实践队伍组建。班级同学自由组合，每组成员为 10 人左右。教师根据学院所发布的社会实践选题库，引导学生结合在学习生活中遇到的热点难点问题、与国家战略及经济社会需求相关的重大理论和现实问题来确定社会实践选题。在开展社会实践调研的过程中，教师及时跟进每组的调研推进情况，指导学生开展合理的分工合作、依据各组选题开展资料搜集，指导学生通过问卷调查、田野访谈、现场考察等多种方法对所选题目展开实践调查。

（二）选题

"马克思主义基本原理"是大学三年级开设的课程，教研部和学生提供的调研题目理论性强且需要同学们运用调查方式进行辨析，以下是教研部和学生提供的部分选题：

1. 科技与伦理的博弈；
2. 偶像崇拜中的哲学思考；
3. 人工智能的哲学思考；
4. 有关三星 Note7 爆炸事件的思考——从消费者、三星公司以及我国法治角度分析；
5. 匠人匠心精神的发展传承与坚守本心顺时而动的辩证关系；
6. 由大学生网贷引发的思考；

7. 由婚闹陋俗事件引发的哲学思考；

8. 为了"10万+"的阅读量要不要做"标题党"。

（三）实践要求

每学期开学前，教研部向教师和学生征集实践课题，由各门课程教师对任教班级的学生进行实践活动动员、实践计划安排以及社会调查的理论知识与技术方法的培训。组织、指导学生组队、选题，根据班级人数确认分组数量，确保课程全体学生均能加入调查课题组。引导学生利用课余时间、周末或节假日，根据实践计划自主开展实践活动，指导教师全程指导学生的实践活动，提供咨询辅导，对学生在实践中遇到的问题予以答疑解惑。实践活动结束后，要求学生按要求撰写实践报告、在规定时间内提交实践报告。指导教师可安排部分或全部学生在课堂中对实践成果进行汇报展示。指导教师负责对实践报告及实践成果展示情况进行点评、批改和成绩评定等相关事宜。

（四）成绩评定

调查结束后，要求学生以小组为单位于第15周学期结束之前提交一份不少于5000字的调查报告，并进行相关成果的展示与汇报。教师根据各小组的调查报告质量、汇报呈现效果等来进行成绩评定。实践报告与实践情况汇报、展示的情况按30%比例折算成分数计入该课程的期末总成绩。

第四节　短学期和暑期实践教学概况

为了巩固和延伸长学期实践教学的效果，我们在短学期（厦门大学在春季学期与秋季学期间设置了为期一个月的短学期）中设置"社会调查方法论"课程，不断提升实践教学质量。短学期结束后，在暑假期间，师生继续进行实践活动。实践教学活动一直持续到年底。师生可以在短学期后进行暑期实践，秋季学期返校后再次碰面讨论修改实践报告，并参加一年一度的思想政治理论课实践教学评定表彰会。

一、"社会调查方法论"课程教学概况

"社会调查方法论"是专门为延伸思想政治理论课实践教学独立设置的课程。通过对社会调查导论、定性和定量研究方法等内容的学习，学生不断深化社会调查的基本知识、运用所学理论认识社会、研究社会、理解社会、服务社会的能力。课程特别注意在社会实践中培养学生的问题意识以及分析和解决问题、团队合作、沟通协调和创新的能力。学生通过学习该课程可进一步明确社会实践的意义和作用，更加理解为什么要把论文写在祖国大地上，从而进一步坚定"四个自信"，树立建立中国自主知识体系的信心，立志为中华民族伟大复兴积极贡献力量。

（一）课程的建设发展历程

"社会调查方法论"课程自 2013 年开始设置。该门课程的作用是承接长学期优秀实践报告的继续培育，同时为暑期大学生外出社会实践打下良好的方法论基础。经过多年探索，"社会调查方法论"课程在教学内容、教学方法、教学组织等方面均取得创新和突破，并积累了较为丰富的实践教学经验。

（二）课程教学的重点问题

"社会调查方法论"旨在解决以下几个问题：一是理论性和实践性相结合的问题。习近平总书记在学校思想政治理论课教师座谈会上的讲话中强调要坚持理论性和实践性相统一，用科学理论培养人，重视思政课的实践性，把思政小课堂同社会大课堂结合起来。该课程就是解决理论性有余实践性不足的问题，通过该课程同学们认识到实践的重要性的同时，亲身参与社会实践，做到理论与实践相结合。二是社会调查方法的掌握。"纸上得来终觉浅，绝知此事要躬行"，认识到实践的地位和作用固然重要，但是若不能掌握科学的实践方法就达不到了解情况、认清问题的结果。如何进行社会调查是该门课程解决的关键问题。学生通过本课程的学习，掌握社会调查研究的一般方法和特点及基本原理，理解社会调查研究的指导思想和方向，学会撰写调查报告，

学会运用所学知识认识社会、研究社会、理解社会、服务社会的能力。三是实践资源和导向性不足。该课程与教学改革的重点以"大思政课"建设为牵引，积极联动社会大课堂和思政教育资源，特别注重挖掘福建特色资源和思政元素，推动思想政治理论课实践教学与劳动教育、学生社会实践活动、志愿服务活动相结合，促进学与思相结合，加快推进思想政治理论课程实践育人高质量发展，使学生的政治能力、学习能力、实践能力、创新能力和担当能力都得到提高，从而实现学生的高质量全面发展。

（三）课程内容与资源建设及运用情况

1. 课程理论授课主要内容。课程内容涵盖社会调查导论、定性研究（一）、定性研究（二）和定量研究等，具体包括调查研究的方法体系和基本程序、社会调查的设计与组织、社会测量、社会调查的基本类型、抽样调查、访谈法、问卷调查法、观察法、实验法、资料整理、调查资料的理论研究以及调查报告的撰写等。

2. 课程社会实践部分。该课程除了进行课堂理论讲授，在学校、学院的大力支持下，开展学生短期课程调研和暑期社会实践两种形式的实践活动，运用师生共建课题组的形式，带队指导学生实践。

3. 资源建设及其运用情况。与全国各地21个地方建立实践调研对接点，为学生参与社会实践提供持续稳定的对接平台。

（四）课程教学内容、组织实施

"社会调查方法论"课程包括理论授课和外出实践调研。理论授课是专题式教学，教师授课具体内容主要包括"构建问题导向多维协同思想政治理论课实践育人模式的探索""关于'三全育人'和实践育人的思考""定性研究的应用""定量研究的应用""定性和定量研究该如何进行选择"……理论授课结束后，课程专门安排了行前指导课，包括师生项目互选、师生互动答疑课和课外实践调研报告的指导。

外出实践由思想政治理论课教师带队，开展为期至少3天的调研。实践选题紧密结合新时代的社会热点难点问题和与青年息息相关的课题展开。10余年来，调研地点已经覆盖全国各省份。课程采取教师传授理论知识和实践经验、师生交流答疑解惑和学生在教师的带领下进行实践形成调研报告（含短视频）的三维互动式教学模式。

（五）课程评价

"社会调查方法论"课程注重理论与实践相结合，教会学生如何做社会调查，有利于培养学生的社会实践能力、创新创造能力和社会责任感。课程师资中既有相关的理论导师，也有实践方法论的导师，还有带领学生进行社会实践的导师，师生共建课题组进行的研学使学生受益匪浅。该课程还针对目前实践资源不足的情况，利用10年的实践教学形成了稳定的思想政治理论课社会实践教学基地25处。该课程中社会实践活动项目设计针对性强，时代感强，能满足学生个性化需求。未来该课程创新改进焦点在于进一步优化师资队伍，提高任课教师社会调查研究方法的专业化水平，不断增强思想政治理论课社会实践育人的吸引力感染力，提升思想政治理论课社会实践的有效性。课程将持续不断拓展实践育人的途径和载体，深入挖掘省内外实践地的思政元素，将思政小课堂与社会大课堂相结合，用好全国思想政治理论课实践教学基地、爱国主义教育基地、文化场馆、科技场馆、博物馆等校外教育资源，引导学生深入基层、服务社会、增长才干，推动"社会调查方法论"教师强起来、学生动起来、效果实起来。

二、短学期和暑期实践教学环节

（一）前期筹备

短学期的课题清单及简介应在短学期实践教学所开设的"社会调查方法论"选课前通过学校、学院网页向学生公布。

（二）课堂理论培训

短学期第一周，由马克思主义学院组织一批专家对选课学生进行社会调查的理论知识与技术方法的培训。

（三）组建调查课题组

短学期的第二周至第三周，学院安排各课题的指导教师对选课学生进行调查课题的说明和动员。学生在规定的时间内，报名选择参加其中一个课题组，按双向选择的原则，最终由带队指导教师根据报名情况和实际需要确定加入调查课题组的学生名单。未加入学院老师组织的课题组的选课学生，应自行组队并自主选题（包括可对长学期社会调查选题再做深度调研）开展社会实践活动，自行组织的所需实践活动经费自筹或向学院申请立项，批准立项的调查课题，学院在实践教学经费中拨付一定额度予以支持；学生也可以加入其他方面组织的（如其他学院组织的或校团委组织的）暑期社会实践活动或课题调研活动，所需实践活动经费自筹或由其他方面提供，需要的指导教师自行聘请。

（四）外出调研

指导教师和加入调查课题的学生可在短学期后期或暑期，择日组队外出至相关实践地点开展至少 5 天的落地社会调查与研究活动。

（五）总结

实践活动结束后，要求学生按要求撰写实践报告、在规定时间内提交实践报告。指导教师负责对实践报告及实践成果展示情况进行点评、批改和成绩评定等相关事宜，并选出优秀报告进入全校整个年度的优秀实践教学成果评比。

三、短学期和暑期实践教学概况

自 2012 年以来，马克思主义学院就要求任课老师在短学期"社会调查方法论"课程的最后一节课（这节课上，师生可以互选项目）后，可以带队出行。实践队伍根据师生的时间具体安排，一直持续到秋季学期。10 多年来，除了新冠疫情影响，学院每年都组织近 30 支队伍奔赴祖国各地，到现在为止，思想政治理论课实践队伍已走遍了全国。

历经10年的实践教学探索，马克思主义学院积累了丰富的管理经验和实践成果。2022年，学院重点围绕喜迎党的二十大与学习贯彻党的二十大精神、党史学习教育、百年团史教育、校史教育、革命文化、乡村振兴、生态文明建设等开展思想政治理论课社会实践。

2022年7月，依托"社会调查方法论"课程开展的暑期社会实践活动，学院以各位带队指导老师设计路线为主，在做好疫情防控的前提下，有24个团队前往新疆、广州、上饶、延安、西安、泉州、三明、宁德、连城、长汀等地，同学们在教师的引领下，参观革命纪念馆、寻访红色地标、深入乡村基层调研实践。回顾中国共产党领导人民解放一路走过的艰难历程，在与英雄先烈的跨时空"对话"中感受坚定的理想信念，学生灵魂受到震撼，情感受到冲击，精神受到洗礼。暑期社会实践活动，让思想政治理论课真正入脑入心，让学生继续踔厉奋发、勇毅前行，更好培根铸魂育人，精心培养德智体美劳全面发展的社会主义建设者和接班人。央广网、人民网等媒体报道了相关活动。

特别值得一提的是，自2022年开始，除了常规的实践教学活动，厦门大学马克思主义学院还积极参加福建省委宣传部和省教育工委组织的全省范围内的实践教学活动。2022年暑期，学院负责牵头组织福建大学生实践队，通过"研读+实践"的方式，开展"追寻领袖足迹——闽山闽水物华新"社会实践活动。沿着"思想探源之路""星火燎原之路""滴水穿石之路""绿水青山之路""文化寻根之路""海上丝绸之路""高质量发展之路"等七大主题线路，本着"看书本、寻足迹、悟思想、育新人"的研学思路，教育引导青年学生发挥专业优势，利用"大社会"与"小课堂"、自主学习和集体学习等方式，深入挖掘传承好习近平同志在福建工作期间开创的宝贵思想财富、精神财富和实践成果，为习近平新时代中国特色社会主义思想探源工程培养人才贡献力量。在2023年暑期，再次由厦门大学马克思主义学院牵头，福建省习近平新时代中国特色社会主义思想大学生研习社的思想政治理论课教师和学生代表联合组队，沿着习近平总书记工作过的地方，从福建出发，前往浙江、上海、河北（正定）、北京等地学习体悟。紧紧围绕习近平总书记在这些地方提到的生态文明、深化改革、党的建设、乡村振兴、高质量发展等主题，将学习贯彻习近平新时代中国特色社会主义思想引向深入，引导青年学生努力成长为堪当民族复兴重任的时代新人。这些实践活动的开展进一步提升了学院思想政治理论课实践教学的思路、视野,也进一步扩大了实践教学的影响力和辐射面。

2022年7月2日,由福建省委宣传部、福建省委教育工委、海峡出版发行集团联合组织开展的2022年"追寻习近平总书记的足迹——闽山闽水物华新"全省大学生暑期社会实践活动启动(见图5-1)。福建省委常委、宣传部部长张彦为高校学生代表赠书,宣布实践活动正式启动,并为实践队授旗。此次实践活动以习近平新时代中国特色社会主义思想为指导,围绕"看书本、寻足迹、悟思想、育新人",组织师生精读细研《闽山闽水物华新——习近平福建足迹》,教育引导师生在阅读经典与社会实践相结合中,进一步深入学习领会习近平新时代中国特色社会主义思想,坚定拥护"两个确立"、坚决做到"两个维护",以实际行动迎接党的二十大胜利召开。

图5-1 2022年"追寻习近平总书记的足迹——闽山闽水物华新"福建省大学生暑期社会实践启动仪式

2022年7月13日,"追寻习近平总书记的足迹——闽山闽水物华新"福建省大学生暑假社会实践活动(南片)举行结营仪式(见图5-2)。实践队重温了"晋江经验"、"金马供水"工程、同安区军营村脱贫攻坚路、嘉庚精神、鼓浪屿文脉、厦门特区发展史、筼筜湖治理经验。

2023年7月4日,由中共福建省委宣传部、中共福建省委教育工委、海峡出版发行集团联合组织开展的"追寻领袖足迹 感悟思想伟力"2023年福建省大学生暑期社会实践活动启动(见图5-3、图5-4)。福建省委常委、宣传部

图 5-2　2022 年"追寻习近平总书记的足迹——闽山闽水物华新"福建省大学生暑期社会实践结营仪式

部长张彦宣布实践活动正式启动，并为社会实践队代表授旗。与会领导为研习社 7 所高校学生代表赠书。该活动分全国线路、省内线路和"一带一路"倡议十周年主题社会实践。其中，全国线路由厦门大学牵头，组织福建省习近平新时代中国特色社会主义思想大学生研习社骨干成员，赴福建、浙江、上海、河北（正定）、北京等地开展实践研学；省内线路由福建师范大学牵头，指导全省 88 所高校以"七大主题线路"为重要脉络，自主组织开展社会实践活动；"一带一路"倡议十周年主题社会实践由华侨大学、福州大学牵头示范实施。

图 5-3　2023 年福建省大学生暑假社会实践系列活动启动仪式现场

图 5-4　福建省委常委、宣传部长张彦向 2023 年福建省暑期社会实践队代表赠书

2023 年 7 月 7—9 日，实践队追寻领袖足迹的浙江篇章在安吉县余村了解余村以生态振兴引领致富的道路（见图 5-5）。2023 年 7 月 14 日，实践队在雄安未来城市展览馆实地考察调研（见图 5-6）。

图 5-5　厦门大学牵头的福建省 2023 年大学生暑期社会实践队在浙江安吉余村考察

图 5-6　厦门大学牵头的福建省 2023 年大学生暑期社会实践队在河北雄安考察未来城市展览馆

2022 年 7 月 17 日至 8 月 2 日，厦门大学"多维度铸牢中华民族共同体意识"暑期社会实践团队本硕博学生一行，在指导教师肖斌的带领下，赴新疆维吾尔自治区乌鲁木齐市、吐鲁番市、喀什地区、库尔勒市开展为期 17 天的调研实践活动。实践团队通过实地调研的方式，深入基层、走入田间，旨在从"国有企业""高等学校""文化展馆""人民军队"四个维度探寻"铸牢中华民族共同体意识"的现实路径（见图 5-7）。

图 5-7　实践队与新疆华电高昌热电有限公司座谈会现场

2023年7月29日至8月2日，由厦门大学马克思主义学院朱冬亮教授担任指导教师，本硕博14名学生共同参与的"贴近乡村，感知中国"暑期社会实践队，前往福建省三明市将乐县常口村、肖坊村、良地村和沙县俞邦村开展实地调研。实践队围绕"全面推进乡村振兴"的主题，以课题研讨的方式，循着习近平总书记足迹，走进多山、多水、多绿的八闽大地，感悟习近平生态文明思想的核心意蕴。通过实地走访、实地考察的方式，实践队深入了解"那水那山那些人"，感受乡村原生态之美，品味乡村传统文化之韵，扬精神之帆，从乡村生态保护、乡村文化振兴和乡村产业振兴三个方面出发，探讨当地推进乡村振兴过程中面临的挑战和创新实践路径（见图5-8）。

图5-8 实践队在将乐县万全乡革命纪念馆门前合影

2022年7月，由董兴艳老师带队，沙婉秋等一行12位同学组成的"华厦一心"实践队，围绕厦门市华侨乡族文化这一调研主题，通过访谈函询和田野调查相结合的形式，在厦门华侨博物院、华侨银行、集美大社和新垵邱氏正顺宫等地，进行了一周左右的暑期社会实践，考察乡族文化对民族共同体意识形成的作用和意义（见图5-9、图5-10）。

图 5-9　实践队员在华侨博物院前合影

图 5-10　实践队员在新垵正顺宫前与邱氏后人合影

2021年7月16—19日，由马克思主义学院黄佳佳、晏振宇老师带领的两支实践队前往武夷山地区进行为期4天的实践调研活动。此次实践调研活动循着习近平总书记的足迹，围绕着朱子家训和朱子民本思想的探究两个主题展开（见图5-11）。

图 5-11　实践队探访朱子故里

为深入学习贯彻习近平总书记在党史学习教育动员大会重要讲话精神，发扬红色传统，赓续共产党人的精神血脉，2021 年 7 月 16—18 日，在马克思主义学院苗瑞丹副教授的带领下，5 名硕博研究生和 4 名本科生以"理想信念教育资源的挖掘——基于瑞金红色文化基地的考察"为主题，前往江西省瑞金市开展实地调研活动。"跟共产党走""听毛主席话"……实践队成员跟随当年留下的标语，聆听一个个革命故事，追寻红色足迹，传承红色精神（见图 5-12、图 5-13）。

图 5-12　实践队探访红色革命圣地

图 5-13 实践队探访红色革命事迹陈列馆

为了深入了解"全面依法治国背景下德治、法治相结合的社会治理"问题，2017年7月22—24日，曾炜琴老师、王圣宠老师带领2名研究生和12名本科生前往福建晋江开展以晋江市社区治理为主题的实地调研。此次调研内容主要包括在社区居民中进行问卷调查，并同晋江市政法委、文明办以及相关社区居委会等单位进行座谈（见图5-14）。

图 5-14 调研队与晋江市政法委等相关部门人员合影

第五节　推进实践教学的成效

一、强化实践教学，建设"三位一体"思想政治理论课教学模式

厦门大学思想政治理论课"三位一体"教学模式始于实践教学的推进，实践教学是该教学模式的重要载体，是提升课堂教学、网络教学质量与效果的主要依托。为了保证实践教学顺利展开，厦门大学主要开展了以下工作：一是完善思想政治理论课实践教学相关制度，将实践教学纳入四门本科生思想政治理论课教学计划；将思想政治理论课实践教学从长学期延伸到短学期和暑期；在长学期开展的"毛泽东思想和中国特色社会主义体系概论""中国近现代史纲要""马克思主义原理""思想道德与法治"课的实践教学中，思想政治理论课实践活动成绩分别按30%比例折算成分数计入该课程的期末总成绩。二是形成了思想政治理论课实践教学组织联动体系。学校各部门各院系及校外各界相互联动形成实践育人格局，不断完善各教学环节相互联系、相互辅助、协同作用的教学模式，从整体上实现了教学的良性循环。三是明确了实践教学主体的责任。马克思主义学院教师全员参与实践教学，教师要指导学生开展自主选题，通过文献阅览、师生讨论、问卷调查、访谈和观察记录等方法，确定研究问题、研究方法、研究对象，深入社会实际进行资料收集、问题分析、总结归纳、观点提炼、报告撰写等，并在第三学期带队进行社会调查。四是细化对学生的具体要求。全校本科生均需修习实践课程，学生自愿组成实践调研小组，自主选择实践的主题与方式，学生要完成选题论证、前期规划、设计问卷、搜集资料、实地调查、分析数据、讨论总结、撰写报告、制作PPT、汇报讲演等一系列环节。

经过长久的探索、改革和创新，厦门大学实践教学模式已在全国思想政治理论课教学领域形成了品牌效应和影响力。归纳思想政治理论课实践教学

的特色做法，主要包括以下三点：

第一，课题调研，形成可长期跟踪的实践选题。实践教学侧重于用课题、项目的形式对相关社会问题开展研究。以思想政治理论课为重要载体，思想政治理论课教师全员参与，在实践教学中全程指导学生，特别是在暑期组织的实践教学中全程带队与学生一起参与社会调研并深入指导调研活动开展和调研报告的撰写，直至形成高质量的调查报告和咨政报告。此外，课题式的实践教学还具备了跟踪式调查的特点，一个主题、一个问题会在不同年份的实践教学活动中持续推进，用跟踪式调查的方法获取更为准确、客观、全面的数据，进而分析问题，服务社会。

第二，重点培育、孵化大学生课外学术作品竞赛项目。在众多的实践课题和调研报告中，重点培育相关项目，进一步开展深入研究，完善调研成果。同时，注重面向全校学生提供科研训练、创业创新大赛培训等各类指导，孵化出了诸多大学生课外学术作品竞赛的作品。

第三，校地联动，拓展实践教学平台与资源。为了进一步提升实践教学的科学性与可持续性，学校注重挖掘校园周边的丰富育人资源，与厦门市其他大中小学共同推进"大中小学思想政治理论课一体化"建设，着眼不同年龄段学生的思想特征，发挥大中小学学段特点和学科优势，建立资源共享、开放合作的研学实践长效机制；依托厦门大学丰富育人资源，开办冬令营、夏令营等主题实践活动，为中小学生提供研学服务的同时也为大学生开辟参与志愿服务、实习实践的全新平台。此外，学校以福建省为主要实践基地，按照"百年初心、红色八闽""三海特色、融通世界""美丽中国、清新福建""乡村振兴、劳动教育""工业文化、工匠精神""文化传承、闽人智慧""科学精神、薪火相传""闽台同根、血脉相亲"这8类主题，在全省分类建设了81个实践研学点，形成了区域协同、校地联动的工作机制。此外，根据实际情况，厦门大学在全国范围内推动实践基地的建设，为学生提供更广阔的研学实践教育课堂，让实践教学更加有趣味、有质量、有效果。

目前，厦门大学已形成了"问题导向、多维协同"的实践教学模式。该模式以马克思主义学院为依托，在学校党委行政的领导下、在全校各部门和各学院的通力合作中，推动实践教学与课堂教学、网络教学形成了相辅相成、互相促进的教学整体。厦门大学扎根中国大地办大学，注重引领学生"将论文写在祖国大地上",致力于通过实践教学强化大学生理想信念、提升学生的社会责任感、创新精神、科研能力和实践能力,充分发挥实践教学在思想政治理论课教学和高校实践育人中的重要作用。"问题导向、多维协同"实践教学模式主要解决了以下问题:其一,解决了学生重认知轻认同的问题。思想政治理论课重视课堂知识传授,学生在政治、思想、理论、情感认同方面的效果却不尽如人意。实践教学模式以问题为导向,注重课堂教学和实践教学的结合,在实践中带领广大学生深入了解党情、世情和国情,锻炼学生对问题的主动思考、自主分析和深入研究,不断内化理想信念,以"政治认同、思想认同、理论认同、情感认同"解决思想政治理论课教育"最后一公里"。其二,解决了教师重理论轻实践的问题。办好思想政治理论课,教师是关键。长期以来,思想政治理论课教师重理论学习、轻实践研修,重课本知识、轻社会调查,这在一定程度上影响了教学质量提升和人才培养工作。实践教学通过调查研究,不断深化教师对理论知识的理解,提升教师教学和科学研究的本领,有利于实现高等教育"培养什么人、怎样培养人、为谁培养人"这一根本任务。其三,解决了部门重单向发力轻协同育人的问题。实践教学是一项系统工程,需要在全校范围内调动资源,整合力量、全力保障。但在现实中,高校各部门各院系的有效整合不够、实践育人合力不足。实践教学模式以思想政治理论课实践教学为载体,在厦门大学全校范围内进行顶层设计,形成了马克思主义学院、学校各部门各院系及校外各界相互联动的实践育人格局。

2012年至今,厦门大学连续举办11届思想政治理论课实践教学成果表彰会(见图5-15),参与社会实践的学生逐年增加,累计约有8.2万名学生参与了马克思主义学院的实践教学活动,参与实践教学活动的学生以各学院各年级的本科生为主,部分硕士生和博士生参与(见图5-16)。调研行程横跨全国31个省(自治区、直辖市)160多个县(市、区),380多人(次)教师带队指导,并与省内外地方党政部门共建25个实践教学基地和160多个实践教学点(见图5-17)。厦门大学已经逐步总结归纳形成一整套制度化、规范化的教学经验,形成一批显示度较高的实践教学成果(见图5-18、表5-2),包括实践教学系列丛书(见图5-19)、省级教学成果奖(见图5-20)和国家级社会实践一流课程(见图5-21)。在实践教学过程中,不同学院的学生以参与指导教师的包括国家社科基金重大项目、省部级科研项目实地调查为契机,得到了初步的科研调查训练,这表明思想政治理论课实践教学正在逐步与服务社会、与指导教师的科研活动相结合,未来实践教学成效更为可期。

图 5-15 思想政治理论课实践表彰会

图 5-16 暑期社会实践团队剪影

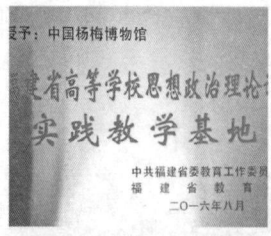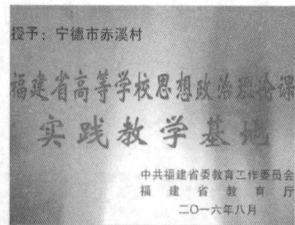

图 5-17　实践教学基地挂牌

图 5-18　优秀实践成果汇编展示

图 5-19　实践教学系列丛书

表 5-2　2012—2022 年思想政治理论课实践教学所取得的主要成果

年份	主要成员	成果种类	成果
2022	徐进功、原宗丽、石红梅、庄三红、叶兴建、董兴艳	教学成果奖	《问题导向、多维协同的思想政治理论课实践教学创新模式》荣获福建省教学成果奖特等奖
2020—2022	原宗丽、庄三红、徐进功、冯霞、罗礼太、肖斌、宋建丽、傅丽芬、黄莹等	一流课程类	"毛泽东思想和中国特色社会主义理论体系概论"荣获国家级社会实践一流课程 "马克思主义基本原理"荣获省级社会实践一流课程
2014—2019	贺东航、肖斌、曾炜琴、吴文琦、叶兴建等	实践赛事	福建省内大中专学生志愿者暑期"三下乡"社会实践活动中，"新时代国有企业改革发展之经验与启示"暑期社会实践队荣获"省级优秀实践团队" "厦大红旅"公益项目获厦门大学第五届中国"互联网+"大学生创新创业大赛"青年红色筑梦之旅"活动重点项目立项 "土地流转、农民权益与新型经营主体：在流转中实现共赢——河南鄢陵模式探析"荣获第十四届"挑战杯"全国大学生课外学术科技作品竞赛特等奖 第十五届"挑战杯"全国大学生课外学术科技作品竞赛二等奖 1 项（《"新乡贤"与乡村治理能力的提升——湖北省恩施州"村医村教进两委"基层体制改革调查》），三等奖 1 项（《两权抵押与多户联保：在风险控制中推进普惠金融——宁德市金融扶贫探析》） 第十二届、第十三届"挑战杯"福建省大学生课外学术科技作品竞赛特等奖共 3 项（《土地流转、非农化与农民权益：在有序流转中实现多赢——基于河南省鄢陵县三个村庄的调查》《乡村治理体系的完善与治理能力现代化——湖北省恩施州"村医村教进两委"基层体制改革研究》《两权抵押、多户联保与社会企业主体：在风险控制中推进普惠金融——宁德市精准扶贫经验探析》）

续表

年份	主要成员	成果种类	成果
2015—2022	李小平、朱冬亮、贺东航、叶兴建、董兴艳、石红梅、张艳涛、傅丽芬、吕微平等	著作类	《中西部山区扶贫之路：恩施的经验》（上）（中国社会科学出版社2016年版） 《发现中国农村——大学生视野中的"三农"问题》（中国社会科学出版社2016年版） 《中国林改村庄观察报告》（中国社会科学出版社2016年版） 《农业治理转型与土地流转模式绩效分析》（中国社会科学出版社2016年版） 《农村集体林权制度改革中的金融支持制度实施及绩效评估》（中国社会科学出版社2016年版） 《乡村百年：历史文化名村浦源》（厦门大学出版社2018年版） 《乡村百年：档案中的永定近代社会生活》（厦门大学出版社2020年版） 《苍南农村民俗的生态与功能》（团结出版社2018年版） 《精准扶贫的"宁德模式"》（厦门大学出版社2019年版） 《全面深化改革背景下的中国农村发展道路研究》（厦门大学出版社2019年版） 《德治与法治相结合的社会治理情况调查》（厦门大学出版社2019年版） 《绿梦成真——中国特色社会主义生态文明建设之长汀模式》（厦门大学出版社2021年版） 《脱贫攻坚的福建实践研究》（厦门大学出版社2022年版） 《闽东抗日战争档案史料》第1～10辑（厦门大学出版社2015—2021年版） "乡村振兴实践研究丛书"5册（鹭江出版社2021年版） "中国贫困治理研究丛书"4册（鹭江出版社2022年版）

续表

年份	主要成员	成果种类	成果
2012—2022	朱冬亮、贺东航、石红梅等	论文类	以实践调研报告为基础发表论文10多篇。2020年，朱冬亮老师在《中国社会科学》发表《农民与土地渐行渐远——土地流转与"三权分置"制度实践》
2014—2022	贺东航、朱冬亮、张艳涛、张有奎等	咨政报告	以社会实践教学调研报告为基础形成的咨政报告67篇，其中被省部级批示、采纳30余篇，被湖北省恩施市龙凤镇综合扶贫改革试点工作领导小组办公室采纳1篇，获得宁德市委书记批示1篇，被民政部基层政权和社区建设司采纳1篇
	朱冬亮、张艳涛、冯霞、贺东航、罗礼太、杨晨、朱东波、叶兴建、林密、石红梅、贾凯、郑伟等	实践社团	培育出"农民之子"社团，社团成员有本科生、硕士生和博士生约480人。经校团委推荐，"农民之子"学生社团和杨洁的理论文章分别被评为"全国百佳大学生理论学习社团"和"全国大学生百优理论文章"。"马列经典著作读书社"和"习近平新时代中国特色社会主义思想读书社"获批福建省高校首批重点马克思主义理论读书社。截至2023年，依托研究中心平台和实践教学基地，培育出"冯语读书会"以及举办"新思想进小区"互动宣讲70余场
	徐进功、白锡能、许和山、侯利标、石红梅、张有奎、原宗丽、杨建中、贺东航、李小平、董兴艳、罗礼太、朱冬亮、叶兴建、苗瑞丹、徐雅芬等	共建基地	正式挂牌成立实践教学/实训基地30个，并在全国20个省、区、市建立实践教学点160多个。2015年，在江苏南京市江宁区委组织部、湖北恩施土家族苗族自治州扶贫办、福建宁德市委宣传部、宁夏固原市委组织部、福建龙岩市委、新疆吐鲁番市监狱等地建立实践教学基地。2016年，获批中国杨梅博物馆、宁德市赤溪村2个福建省首批高校思想政治理论课实践教学基地 2017年与福建连城新泉整训馆、项南纪念馆、庙前镇芷溪村、罗坊乡坪上村签订共建思想政治理论课实践教学基地协议 2018年与永泰县共建"厦门大学—永泰县民间历史文献与田野调查实习基地"校级实践教育基地，与湖里区的金安社区、禾山社区共建实践教学基地，与宁德市档案局签署党建合作共建协议

续表

年份	主要成员	成果种类	成果
2014—2022	徐进功、白锡能、许和山、侯利标、石红梅、张有奎、原宗丽、杨建中、贺东航、李小平、董兴艳、罗礼太、朱冬亮、叶兴建、苗瑞丹、徐雅芬等	共建基地	2019年与厦门市同安区委党校共建思想政治理论课实践教学基地，2019年11月，马克思主义学院与厦门国贸锄山旅游投资有限公司及厦门市翔安区内厝镇锄山村民委员会共建厦门大学思想政治理论课实践教学基地 2020年马克思主义学院先后与福建省连城县塘前乡、北团镇、罗坊乡的党政部门签订共建思想政治理论课实践教学基地协议。2022年，与连城县庙前镇人民政府在庙前镇庙上村江一真陈列馆共建思想政治理论课实践教学基地 2020—2022年，与厦门一中、双十中学、厦门二中、厦门六中、集美中学、华侨中学、演武小学、故宫小学共建了思想政治理论课实训基地，得到了人民网、全国高校思想政治工作网、中国教育新闻网、学习强国等媒体平台的广泛关注报道
2012—2022	朱冬亮、叶兴建、林密等60余人	科研项目	参与指导思想政治理论课实践教学的教师，主持包括国家社科基金重大项目在内的各类课题研究项目50余项，调研主题包括"三农"问题、生态文明建设、城市社区治理发展、城市空间生产与更新机制、居家养老、大学生思想政治教育参与、文化建设、历史档案利用、公民参与问题等。依托思想政治理论课实践教学，开展的"将乐县历代史料汇编""精准扶贫的宁德经验研究""研究创作习近平扶贫论述实践故事项目""习近平精准扶贫方略研究""城乡不平衡发展"等课题，都取得了很多研究成果。朱冬亮老师获批2020年国家社科基金重点项目"土地集体所有权权能改革实践与农村治理能力建设研究"

·第五章 实践教学的具体设计·

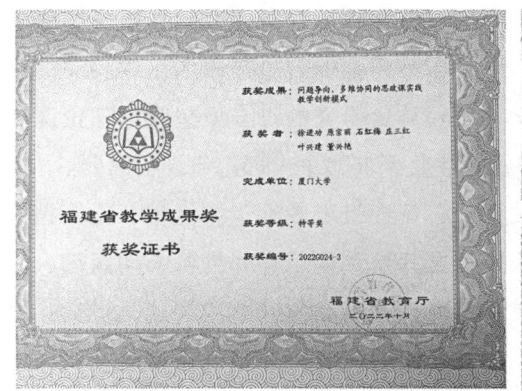

图 5-20 省级教学成果奖

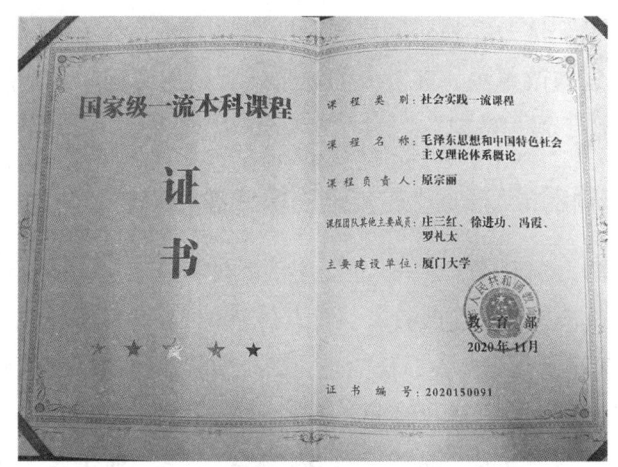

图 5-21 国家级社会实践一流课程证书

二、创新实践教学，构建思想政治理论课实践教学体系

为了进一步推动实践教学改革创新，我们主要从以下方面入手，努力推动思想政治理论课教学体系的构建：

（一）建设问题导向题库，凝练可长期跟踪的实践选题

重视研究课题的遴选与课题库的建立，注重引领教师通过以下五种渠道找准问题，建立实践教学选题库。这五种渠道包括：学生在思想政治理论课

学习生活中遇到的热点难点问题、思想政治理论课教师在教研实践中遇到的难点问题、学校各职能部门在工作中碰到的与思想政治工作相关的问题、思想政治理论课以外的其他学科教师需要研究的符合思想政治理论课特点的科研课题以及对接国家战略和经济社会需求的重大理论与现实问题。

思想政治理论课实践教学中心负责组织教师集体梳理、凝练相关的课题并将其转化为实践教学的选题，尤其是重视培育一批可长期跟踪、能系统调研的选题。目前，已经形成了六个长期跟踪与研究的课题，包括：中国特色社会主义生态文明建设研究，当代中国协商民主运行机制建设研究，城镇化进程中农村社会发展与扶贫研究，红色文化资源的整理、保护与利用研究，中国社会转型期社会矛盾解决机制研究，当代主要社会思潮对中国大学生理想信念的影响等。这一系列研究课题有助于师生进一步了解中国共产党奋斗史、新中国建设与改革史，其宏大的视野、壮阔的历程和丰富的内容均能够有效地启智润心、培根铸魂。

（二）环环相扣，形成"三步走"实践教学环节

目前，厦门大学形成了"三步走"实践教学模式。第一步是做实长学期内多种形式思想政治理论课实践教学，重点做好"课题式社会调查"这一形式的社会实践。"课题式社会调查"指的是，学生实践小组通过文献归纳、问卷调查、访谈和观察等方法，走出校园、深入社会，进行资料收集、分析和讨论，提炼观点，撰写调查报告。同时，注重运用辩论会、演讲赛、情景剧、公益活动等多种实践形式，推动学生扎实掌握实践课程理论知识，全面提升学生的实践能力、科研能力和创新能力。第二步是深化长学期的社会实践的成果。厦门大学在每年6—7月的短学期均开设全校性选修课"社会调查方法论"，帮助学生学懂弄通实践调研方法，为学生提供方法论指导，以课程助推社会实践的开展。第三步是孵化社会实践成果。厦门大学在暑假期间广泛推进社会调查研究，进一步推动实践成果转化，孵化社会实践成果阶段可从每年暑假持续到11月份，即思想政治理论课实践教学优秀成果评选前。在这一阶段，相关教师和学生双向选择，组成团队，走出校园，在广阔的社会田野中展开深入的调查与研究，力求获得实践锻炼和实践成果的双丰收。

（三）整体推进，建构贯通本科生思政教育的"全覆盖全过程全链条"实践教学体系

做"实"实践教学全覆盖。厦门大学高度重视实践育人，把实践教学列入整体的教学计划，在"思想道德与法治""中国近现代史纲要""毛泽东思想和中国特色社会主义理论体系概论""马克思主义基本原理""习近平新时代中国特色社会主义思想概论""四史"等课程中落实实践教学，实践教学覆盖全体本科生，做"实"实践教学全过程。根据厦门大学学期设置的特点，推行实践教学与春季长学期课堂教学同步，与短学期调查方法培训衔接，与暑期实地调研联结，与秋季长学期孵化成果共生的全过程实践教学，做"实"实践教学全链条，形成了系统且规范的实践教学流程，包括：开学前依托网络平台收集问题，建立问题库；春季学期依托本科思想政治理论课进行选题、论证、开题、问卷设计、初步调研，培育课题；短学期开设"社会调查方法论"课程，组织师资、招募队员、培训方法；暑期则依托实践基地，带队外出实地调研；秋季学期进一步深化调研报告，通过优秀报告评选、思想政治理论课实践教学表彰会、各大赛事等促进成果孵化。各个教学环节任务明确，环环相扣，做到了全链条闭环管理。

（四）建立稳定的思想政治理论课实践教学基地和理论社团

厦门大学积极争取社会方面支持，整合实践教学资源，在全国建设了一批较有特色、相对稳定的思想政治理论课实践教学基地。

为扎实推进思想政治理论课实践教学，马克思主义学院把与地方党政部门建立长期固定的社会实践教学基地作为长效机制，推进厦门大学实践教学活动更上新台阶。2015年，马克思主义学院与当地党政部门合作，在福建龙岩市长汀县、福建宁德市、江苏南京市江宁区、宁夏固原市、新疆吐鲁番市、湖北恩施市等地建立了6个固定的社会实践调研基地；2016年，增加中国杨梅博物馆、宁德市赤溪村2个福建省首批高校思想政治理论课实践教学基地；2017年，马克思主义学院与福建连城新泉整训馆、项南纪念馆签订共建思想政治理论课实践教学基地协议。2018年，马克思主义学院与永泰县共建"厦门大学—永泰县民间历史文献与田野调查实习基地"，依托本项目对永泰民间

文献的收集和整理，与哈佛大学合作，对文献进行数据化处理，并举办"数位人文工作坊"，邀请台湾地区高校师生参加，介绍计算机技术在永泰民间文献整理和研究工作中的应用。与厦门市湖里区的金安社区、禾山社区共建实践教学基地，与宁德市档案局签署党建合作共建协议，并于暑期派出实践队开展实地考察与调研活动，切实发挥实践教学基地的作用。2019年，马克思主义学院与厦门市同安区委党校共建思想政治理论课实践教学基地，得到了人民网、新华网、学习强国等媒体平台的广泛关注报道。2019年11月，学院与厦门国贸锄山旅游投资有限公司及厦门市翔安区内厝镇锄山村民委员会共建厦门大学思想政治理论课实践教学基地。2019年，依托已有实践教学基地，马克思主义学院中国化教研部师生在厦门市举办"新思想进小区"互动宣讲20余场。依托宁德市档案局签署党建合作共建实践教学基地，李小平、董兴艳、张侃等教师多次带队前往宁德市档案局查阅档案资料，持续进行科学研究并将其成果编纂成书。2020年，马克思主义学院先后与福建省连城县塘前乡、北团镇、罗坊乡的党政部门签订共建思想政治理论课实践教学基地协议。2022年7月，厦门大学马克思主义学院与连城县庙前镇人民政府在庙前镇庙上村江一真陈列馆举行签约暨揭牌仪式，双方将合作共建思想政治理论课实践教学基地，为厦门大学学生打造优质实践平台。2020—2022年，为推进大中小思想政治理论课一体化实践，马克思主义学院还与厦门一中、双十中学、厦门二中、厦门六中、集美中学、华侨中学、演武小学、故宫小学共建了思想政治理论课实训基地。

  提升思想政治理论课实践教学的质量，除了要有完善的体制机制、强大的教师团队，具有良好的理论功底、熟悉社会调查方法的学生团队也是其中不可或缺的重要因素。为了进一步提升实践教学的科学性与可持续性，马克思主义学院探索以成立学生理论社团的方式，做好做强做实思想政治理论课实践教学。马克思主义学院指定专业教师来带领固定的社团成员，组织引导本科生深入进行实践活动开展，不断推进实践教学成果质量的提升。目前，马克思主义学院已有"习近平治国理政思想读书社"和"马列经典著作读书社"，校级社团"文化传承研究会"也已成立，这些社团在传播经典理论、推动实践调研方面发挥了重要作用。

（五）实践教学与教师的科研工作进一步密切结合

问题导向课题研究式实践教学是我们的特色，经过多年的摸索与实践，实践教学与教师科研工作进一步密切结合。王圣宠、苗瑞丹老师指导的实践队所完成的"大学生党史学习教育现状调查及路径优化——以厦门市高校为例"项目，肖斌老师指导的"多维度铸牢中华民族共同体意识"项目，董兴艳、李小平老师指导的实践队所完成的"归国华侨民族共同体意识调研"项目，史勤、傅志伟、许弘智、黄秋萍等 4 位老师指导的实践队所完成的"城乡融合发展背景下的乡镇产业转型——以福建泉州洛江区为例"项目，晏振宇、杨晨老师指导的"红色文化助力乡村振兴调研——龙岩调研"项目，庄三红老师指导的实践队所完成的"闽西革命老区乡村产业振兴状况调研"项目等，就是将学生社会实践与重要的科研项目相结合，学生既可在实践中接受初步的科研训练，又能在科研训练中从一个特定的角度去认识社会，可以说是师生的双赢。

（六）实践教学中逐步凝练出既有现实需求又有理论意义的调研活动

目前，已形成"新时代中国农村发展状况调研""精准扶贫调研""林权改革调研""红色文化资源的保护与利用调研""生态文明建设"等实践教学调研系列。这使得长学期与短学期的实践教学衔接得更加紧密，也有助于将长学期的实践课题转化为"大创"项目或为积极参与国内高水平赛事的系列调研提供基础。长学期、短学期与暑期连在一起的实践教学，通过学生参与调查和研究，学生真正深入社会，了解国情社情民情，坚定中国特色社会主义道路自信、理论自信、制度自信、文化自信，同时也提升了实践能力、科研能力和创新能力，思想政治理论课实践教学已成为品牌。

三、做"活"实践教学，建立思想政治理论课实践教学保障机制

首先，为了做"活"实践教学，厦门大学建立了协同育人的大思政实践保障机制。实践教学是具有开放性和多元性的复杂教学体系，要有健全完善的组织管理方式、实行机制化运作才能取得实效。在学校党委的高度重视和

领导下，厦门大学成立了思想政治理论教学指导委员会和厦门实践教学领导小组，在校级层面组建思想政治理论课实践教学中心，为实践教学提供了组织保障。在厦门大学思想政治理论课实践领导小组指导下，厦门大学成立了具体负责实践教学组织与规划的思想政治理论课实践教学中心，并形成马克思主义学院、宣传部、教务处、学生处、研究生院、团委等部门协调配合的实践教学工作机制。在制度保障方面，厦门大学颁布了《厦门大学思想政治理论课实践教学实施办法》和《厦门大学思想政治理论课程实践教学实施方案》等文件，为实践教学环节的有序进行提供了有力的制度保障。马克思主义学院制定了"实践教学基本流程图""实践活动指导书""实践计划表""调查报告格式模板""实践总结分析表"等规范性实践教学手册，从形式、内容、流程等方面入手，对实践教学的每个环节加以规范，使实践教学过程制度化、管理机制化，保证实践教学项目落地、质量可控。在经费保障方面，学校每年拨款近100万元，用于支持校外社会实践，且每年一度的思想政治理论课实践教学表彰经费另拨。在平台保障方面，学校宣传部、研究生院、教务处、社科处、财务处、学生工作部（处）、党校、校团委等多个部门通力合作，搭建了实践教学工作的宽广平台；建立固定的校外实践基地，推进广大师生与企事业单位、地方政府进行持续合作。在激励机制保障方面，加强对社会实践教学成果的考核、表彰与奖励工作。将实践教学作为马克思主义学院教师、辅导员等教职工考核的重要指标，并提高对优秀指导教师的奖励标准以激发其积极性。将第一、第二学期校内实践教学优秀报告和第三学期及暑期的校外社会实践调研报告全部纳入优秀实践成果评选范围，对优秀成果及其团队和优秀指导教师予以表彰、奖励。

其次，为了做"活"实践教学，厦门大学从以下三方面入手推动"师生共建课题组课题式研究"的运作方式：其一，人员"活"。带队老师和指导教师来自全校各院系各部门，包括马克思主义学院、行政管理部门、辅导员系列、其他院系；学生也来自全校各院系各专业，在教师的指导下开展实践活动。辅导员队伍的加入增添了实践教学的活力与助力，2017年以来共有18位辅导员承担了思想政治理论课的教学工作，他们积极参与实践教学，带出了一些优秀团队。其二，课题"活"。课题紧密联系社会发展的重大理论和现实问题，紧密联系学生关切的特点焦点问题，还与教师的科研基础紧密联系，关注世界之问、中国之问、时代之问和人民之问，具有政治性、开放性、时代性和创造性的特点。其三，调研方法"活"。师生可通过文献阅览、问卷调查、访谈和观察记录等定性和定量研究方法，深入社会实际进行资料收集、问题分析、总结归纳、观点提炼、报告撰写等。受新冠疫情的影响，2020年以来在思想政治理论课长学期社会实践调研中更多采用线上问卷等方法。相比于传统访谈调查，网络调查具有成本低、调查范围广、调查周期短、易于调查敏感性问题等优点，线上问卷调查的结果更容易统计处理和分析。

最后，实践教学作为思想政治理论课教学和高校实践育人的重要形式，对于同学们的社会责任感、创新精神培育和实践能力提升起到了重要的作用。以问题为导向师生共建课题组为主要形式，厦门大学思想政治理论课实践教学模式日益在全国思想政治理论课教学领域形成了品牌效应和影响力。2017年2月，马克思主义学院在多年实践教学积累的经验基础上申报的"习近平新时代中国特色社会主义思想读书社"和"马列经典著作读书社"均获批福建省高校首批重点马克思主义理论读书社。目前，厦门大学在全国各地拥有25个实践教学基地、160多个调研点。实践教学的覆盖面之广、调研之深入、成果之丰硕，在全国同行中首屈一指。在全国高校思想政治工作会议召开期间，新华社刊发了题为《党的十八大以来加强高校思想政治工作纪实》的通讯，其中专门报道了厦门大学拿出专门学分作为实践学分，要求所有学生参加社会实践的工作内容。

通过这一系列措施，厦门大学构建了扎实有效、协调完善、运行顺畅的思想政治理论课实践教学体系，有力地推动实践教学融入高校育人的全过程，夯实了思想政治理论课"三位一体"教学模式的发展基础。2023年3月，中共中央办公厅印发了《关于在全党大兴调查研究的工作方案》，提出面对新形势、新问题、新挑战，"迫切需要通过调查研究把握事物的本质和规律，找到破解难题的办法和路径"①，要在全党大兴调查研究之风。这对高校推进思想政治理论课实践教学改革创新、构建扎实的实践课教学体系提出了新的要求。厦门大学也将扎实推进思想政治理论课实践教学体制机制建设、丰富实践教学载体、拓展实践教学平台、强化实践教学团队力量，为党和国家培养更多能担当民族复兴大任时代新人作出更大的贡献。

---

① 中共中央办公厅印发《关于在全党大兴调查研究的工作方案》[EB/OL].[2023-07-19].http://www.gov.cn/zhengce/2023-03/19/content_5747463.htm.

第六章 "三位一体"教学模式改革的评价与展望

新时代，党中央和国家教育主管部门坚持守正创新，对思想政治理论课建设与改革作出一系列新部署新要求，高校思想政治理论课成为落实立德树人任务的关键课程，成为夯实社会主义意识形态阵地的基础课程，成为加强和改进高校思政工作的灵魂课程。习近平总书记指出，思想政治理论课能否在立德树人中发挥应有作用，关键看重视不重视、适应不适应、做得好不好。思政课的本质是讲道理，要注重方式方法，把道理讲深、讲透、讲活，老师要用心教，学生要用心悟，达到沟通心灵、启智润心、激扬斗志。① 他强调，坚持改革创新，推进大中小学思想政治教育一体化建设，提高思想政治理论课的针对性和吸引力。提高网络育人能力，扎实做好互联网时代的学校思想政治工作和意识形态工作。② 厦大思想政治理论课"三位一体"教学模式改革以习近平新时代中国特色社会主义思想为指导，聚焦立德树人、铸魂育人，是一项集改进专题教学、充实网络教学、丰富实践教学于一体的思想政治理论课教学创新模式。本章聚焦思想政治理论课"三位一体"教学模式改革的评价与展望，调整优化思想政治理论课供给侧结构，汇聚思想政治理论课高质量发展的强大势能。

---

① 坚持党的领导传承红色基因扎根中国大地 走出一条建设中国特色世界一流大学新路[N].人民日报,2022-04-26(1).

② 加快建设教育强国 为中华民族伟大复兴提供有力支撑[N].人民日报,2023-05-30(1).

· 第六章 "三位一体"教学模式改革的评价与展望 ·

第一节 "三位一体"教学模式的亮点

《关于深化新时代学校思想政治理论课改革创新的若干意见》中指出："坚持思政课建设与党的创新理论武装同步推进，全面推动习近平新时代中国特色社会主义思想进教材进课堂进学生头脑，把社会主义核心价值观贯穿国民教育全过程。"①习近平总书记强调："推动思想政治理论课改革创新，要不断增强思政课的思想性、理论性和亲和力、针对性。要坚持政治性和学理性相统一，以透彻的学理分析回应学生，以彻底的思想理论说服学生，用真理的强大力量引导学生。"②为进一步贯彻落实中央精神，全面深化思想政治理论课的教学改革项目，推进"三位一体"教学模式改革取得新成效，就要深入总结厦门大学思想政治理论课"三位一体"教学模式的特点，并在新的起点上推进思想政治理论课改革纵深发展。

一、注重专题讲授"深""透""活"

一般认为，思想政治理论课仅仅向学生搬运知识，在教学上单纯停留在机械性的"灌输"上，致使思想政治理论课教学效果大打折扣。有鉴于此，专题讲授结合学生们"吃不饱听不进"的问题，创新思想政治理论课课堂教学的方式方法，为同学们精心讲授。

第一，教学团队打造专题课堂把理论讲"深"。所谓"深"，就是思想的纵深、逻辑的精深、问答的高深。改革后的专题教学实行团队模式，强化集体备课，将思想政治理论课教师分成若干个教学团队，以达到传帮带的效果。

---

① 中共中央办公厅 国务院办公厅印发《关于深化新时代学校思想政治理论课改革创新的若干意见》[EB/OL].[2023-07-26].https://www.gov.cn/zhengce/2019-08/14/content_5421252.htm.

② 用新时代中国特色社会主义思想铸魂育人 贯彻党的教育方针落实立德树人根本任务[N].人民日报，2019-03-19(1).

中青年教师是专题教学的骨干成员，能够在教学专题设计、形式多样上有所创新，老教师可以在专题教学定位、理论深度等方面作出突破性贡献，新老互补成为思想政治理论课教学团队的一大特点和优势。另外，不同的教师根据自己专业研究领域的不同，能够有效做到以研促教，将自己感兴趣的学术问题转化为专题课的"拿手好菜"，这样就大幅减缓了科研与教学的冲突压力。专题教学的全过程离不开专业教师对他所研究的领域具有深刻而深邃的见解，能够随着时代变化和环境条件的改善而不断修正与完善，及时满足学生对于热点问题的讨论和关注。专题教学改变了传统教材体系为主轴的思想政治理论课模式，开辟了现代教学体系为主轴的新型课程模式，极大发挥了团队教学的联动魅力。除教学团队的设置，厦门大学还进一步细化了教学专题组建设，以专题组的形式加强同一专题内不同老师的授课指导工作，既规范专题授课的范围，又加强专题教学的集体备课工作。

第二，邀请校内外专家进课堂把理论讲"透"。所谓"透"，是说思政课既要有理论的穿透力，也要有现实的穿透力，又要有心灵的穿透力，这是因为深邃的思想能够铸魂育人、能够启智润心、能够滋养灵魂。我们邀请校内外专家进思政课堂，目的就是吸收借鉴优秀的理论工作者、实践工作者以及为人民服务的现实人员，让那些在不同领域深耕多年的著名人士、专家学者、创业者以及公务人员，都能够作为榜样标杆，在青年大学生心目中播下种子，引导年轻人系好人生第一粒扣子。鲜活的现身说法能够深入学生内心深处、能够沁人心脾，核心是能够真正把真理悟透解透说透。这一举措就是借助名家的深厚理论素养和学术功力、对学科前沿的把握和丰富的教学经验及高超的讲课艺术等优势，开阔学生视野，激发学生兴趣，增强思想政治理论课的吸引力和穿透力。

第三，通过实践教学与课堂展示把理论用"活"。所谓"活"，就是活学活用、扎扎实实地把思政课落实到工作生活实践当中。思想政治理论课"三位一体"教学改革更为突出教学环节之间的环环相扣与整体发力，其中不仅包含网络教学为专题教学打好基础，而且要求专题教学与实践教学联动推进。在每学期的专题教学过程中，实践教学活动安排在夏季短学期同步推进，在长短学期之间贯穿着实践教学的选题确定、问卷设计指导、实践教学展示等诸多环节，保证了对课堂知识的活学活用。学生们利用专题教学中间的讨论课设置，在课堂上发挥主动性，以情景剧、微电影、PPT汇报等多种形式展示团队选题及成果。通过课题展示，学生的实践活动能够得到及时的反馈与指导，学生对相关问题也有了更深刻的认识，从而推进本学期的实践活动转化为暑期社会实践、大学生创新创业项目、大学生志愿服务西部计划等，通过组建一名思想政治理论课教师同若干本科生的实践教学团队，辅之以硕博研究生协作的社会调研队伍，能够起到以老带新、跨级串联、深化情谊的传帮带作用。

二、培育自主探索式学习"新高地"

第一，通过课上互动讨论营造自主探索氛围。课堂讨论、组织辩论赛以及学术观点争论，渐渐成了思想政治理论课堂的一种新常态。教材中的理论在老师的"演绎"下，转化成一个个现实问题，学生们自行组队以辩论赛、小组案例展示的形式呈现出来。学生不再是被动的接受者，而是主动的参与者。在专题教学过程中，除了主题讲授，目前较为成熟的教学方法有四种：一是辩论式教学，以不同的观点引发学生之间的讨论，进而引导学生达到对相关问题的分析；二是情景式教学，以情景剧或微视频等方式，再现有关场景，借助具体情景或人物帮助学生分析问题；三是参与式教学，以公益参与等方式，让学生在参与中体验，在参与中收获；四是现场式教学，借助有关场馆进行现场教学，让学生更为直观地体验与感知。教学方式的改革创新，让学生都觉得这样的思想政治理论课上得很过瘾。

第二，通过课下社会实践养成自主探索习惯。实践教学既帮助同学们深入了解中国国情，坚定了理想信念，又训练了他们的实践能力和科研能力。2012年，厦门大学马克思主义学院刚成立不久，就首推思想政治理论课实践教学改革，将实践教学全面拓展为覆盖4门本科生思想政治理论课和全体本科生。2014年，思想政治理论课实践教学从长学期延伸到短学期和暑期，并形成了"问题导向和课题研究式的实践教学"模式。厦门大学思想政治理论课教学的吸引力明显增强了，"三位一体"教学方式让同学们富有获得感。以问题为导向的专题化教学和校内外专家进思想政治理论课堂，很受学生的欢迎，不同老师轮流进课堂既消除了学生的视觉疲劳，也开阔了学生的思路和视野；

教学针对性加强，课堂互动持续开展，课堂气氛也随之逐渐活跃起来。网络教学平台的点击量不断攀升，同学们通过阅读、讨论和测试，充实了思想政治理论课的基本知识，拓展深化了课堂教学内容。

第三，互联网线上自学自评自测，打造起新时代数字化教学试验田。教育要面向现代化、面向世界、面向未来，高校思想政治理论教育同样如此。随着网络社会的崛起，各高校纷纷开始顺应教学信息化数字化智能化的趋势，实行思想政治理论课网络课程教学。2015年7月，中共中央宣传部、教育部印发的《普通高校思想政治理论课建设体系创新计划》指出，要"注重发挥教与学两个积极性，形成第一课堂与第二课堂、理论教学与实践教学、课堂教学与网络教学相互支撑，理念手段先进、方式方法多样、组织管理高效的思想政治理论课教学体系"。① 习近平总书记在2016年12月召开的全国高校思想政治工作会议中指出："要运用新媒体新技术使工作活起来，推动思想政治工作传统优势同信息技术高度融合，增强时代感和吸引力。"② 2020年12月，《中共中央宣传部 教育部关于印发〈新时代学校思想政治理论课改革创新实施方案〉的通知》要求支持、鼓励研制优秀教案、课件和案例等，推进数字资源和网络信息资源库建设。③ 运用互联网开展学生线上自学自评自测就是贯彻党在新时代的思想政治理论课教育方针的有效手段，其优势在于帮助学生扎根教材的同时又能跳出教材，对于课本知识已掌握和未掌握的部分查漏补缺。互联网自评自测的亮点还在于突破时空限制，规避了传统的排名比较模式，最大限度地支持学生以消化吸收精通知识为中心，而非以成绩分数为追求，通过在指定的试题库里进行抽题训练，学生能够在各种空间领域场合，随时随地地进行答题巩固，该方式可以激发同学们趁热打铁、回炉再造的热情，不受成绩评比的束缚。

---

① 中央宣传部 教育部关于印发《普通高校思想政治理论课建设体系创新计划》的通知[EB/OL].[2023-07-26].http://www.moe.gov.cn/srcsite/A13/moe_772/201508/t20150811_199379.html

② 把思想政治工作贯穿教育教学全过程 开创我国高等教育事业发展新局面[N].人民日报，2016-12-09(1).

③ 中共中央宣传部 教育部关于印发《新时代学校思想政治理论课改革创新实施方案》的通知[EB/OL].[2023-07-26].https://www.gov.cn/zhengce/zhengceku/2021-01/01/content_5576046.htm.

在新时代数字化浪潮下,厦门大学率先研发校内思想政治理论课网络教学系统,并配备专业技术人员定期维护。每个学期,马克思主义学院面向全校招募本科生、硕士研究生乃至博士研究生担任思想政治理论课的助教,既解决了勤工俭学的岗位,又可为全校思想政治理论课网络教学提供后勤保障。通过多年磨合与摸索,厦门大学逐渐形成了"班主任+技术员+助教"的QQ社群和微信社群双层服务媒介,实现了在线提问、授课班主任与学姐学长答疑以及测试题巩固的网络教学良性循环,共同为思想政治理论课走深走实保驾护航。10余年来,厦门大学网络教学平台紧抓思想政治理论课,培育大学生的世界观、人生观、价值观,提升马克思主义理论素养和思想政治素质,发挥着重要的作用。实行思想政治理论课网络课程教学是一种适应时代要求的必然趋势,是信息化时代学生信息素养提高的现代性需求,是一种增强思想政治理论课教学实效性的新的教育手段,它弥补了传统教学的不足,是传统教学向现代教学转变的重要载体。思想政治理论课网络课程教学,是教师、网络课程教学平台和学生的有机结合,是一个动态的有机整体,在实行网络课程教学中发挥着至关重要的作用,任何一个环节的缺失,都会影响教学整体性的发挥。① 这也成为"三位一体"教学模式中更为包容和富有活力的特色亮点。

三、形成团队教学"聚力场"

第一,"集体磨课+听课"提升思想政治理论课"魅力"指数。习近平总书记指出:"办好思政课,最根本的是要全面贯彻党的教育方针,解决好培养什么人、怎样培养人、为谁培养人这个根本问题。"为了保证思想政治理论课的教学效果,发挥思想政治理论课立德树人关键课程作用,准确把握新教材精神实质,打造新时代的"思政金课",厦门大学开创了"集体磨课"+"集体听课"制度。磨课活动中对于教学技能的深入交流和碰撞,能够促使参与老师从中得到不少有益启发。教师教学技能工作坊针对提升思想政治理论课教师教学开设了一系列教学指导会、磨课会,结合不同课程对青年教师进行阶

---

① 郑炳辉,石红梅,等.关于厦大马院公共课网络课程教学若干问题的思考[J].厦门大学学报,2017增刊.

段性的教学打磨与素质提升，力图打造更多的思想政治理论课"金课"。提倡教师授课时层次清晰，先以现实案例抛出问题，进而结合理论分析问题，最后结合实际解决问题，争取在最短的时间内聚焦重点，才能达到理想的授课效果。磨课环节能够针对每一位老师的授课情况，比如授课PPT内容、时间配置、教学内容、教学语言和教态、教学组织等方面提出建议。"集体听课"制度是校级领导同志联合思想政治理论课教研室专家代表组成的"三位一体"教学模式评估团队，通过进课堂听宣讲做笔记，评估专家们深入教学第一线，及时反馈思想政治理论课教师的优势和不足，达到扬长避短、服务教学的目的。每场集体听课下来，校领导同专家以及授课教师都会进行各种形式的座谈，针对每位思想政治理论课教师的教学方式方法、内容设计、授课质量等提出意见和建议。此项措施，激励广大思想政治理论课教师不断改进教学方法，鼓励学生认真听课参与互动，在互动交流中实现理论与实践的科学统一。

第二，课程组建设推动思想政治理论课教学建设。习近平总书记指出："办好思想政治理论课关键在教师，关键在发挥教师的积极性、主动性、创造性。"[①]2017年以来，厦门大学推行本科课程组建设，思想政治理论课的课程组范围涵盖所有本科生思想政治理论课程，所有专任思想政治理论课教师都加入相应课程组。课程组主要承担教学组织、课程建设、教学质量监控、教学研究、教学改革及其他有关教学工作，全面推进教学工作，提升教学质量与研究水平。每次以推进会的形式服务于实践教学、专题教学、集体备课、教学考核等相关事宜。课程组教师主要围绕实践教学的安排与落实、教学比赛的推进、课堂教学的设置、教学技能的提升、科研质量提升、教学评价机制、"三位一体"教学模式改革等问题各抒己见、集思广益。与会教师坚持以学生为中心、以教师为主导，既能够为学院发展建言献策，又能够及时发现教学中的问题并给出建议。由于各高校马克思主义学院高度重视思想政治理论课建设，着力构建"大思政"工作格局，课题组的运行保证了思想政治理论课建设取得显著成效。

第三，两支队伍深度融合共同授课。所谓"两支队伍"，是指思想政治理论课专职教师队伍与辅导员兼职教师队伍。厦门大学十分重视思想政治理论课

---

① 习近平.习近平谈治国理政：第3卷[M].北京：外文出版社，2020：330.

兼职教师队伍建设，制定相关政策，鼓励和支持辅导员参与思想政治理论课教学。在以往吸收辅导员参与"形势与政策"课程教学工作的基础上，2017年，学校进一步扩大了辅导员的参与规模和课程领域，春季学期选拔了24名辅导员加入"毛泽东思想和中国特色社会主义理论体系概论""中国近现代史纲要"两门课程的教学团队。学校也出台相关管理办法，加强对辅导员兼职教师的培训和管理，确保他们在教学上与专任教师达到同样的要求。思想政治理论课教学要牢牢把握思想性、政治性和理论性，对教学重点、难点和理论关键要点花大力气讲解，要坚持正确方向，严格案例选取，将思想政治理论课讲好；要找准着力点，突出重难点，将思想政治理论课讲实；要内容准确、阐述全面，将思想政治理论课讲细，切实发挥思想政治理论课立德树人关键课程作用。"两支队伍"融合已经成为厦门大学长期坚持的一项制度，有效地提升了思想政治理论课教学效果。下一步，厦门大学还将通过"两支队伍"融合校内教师公开课、校外教学观摩、名师面对面等举措进一步提升思想政治理论课教育教学水平，不断增强思想政治理论课的影响力、感召力和亲和力。

四、创新"问题导向，多维协同"的思想政治理论课实践教学模式

"三位一体"思想政治理论课教学改革本着"坚持思想引领、强化四个认同、提升责任担当"的育人理念，面向党和国家急需解决的重大理论和现实问题，解决大学生成长成才中的热点和难点问题，建成了"问题导向，多维协同"的实践教学模式。目前，厦门大学思想政治理论课实践教学既有覆盖全校本科生、与长学期课堂教学同步推进的课题式社会调查，也有在短学期及暑期进行的、以全校选修课形式呈现的重点实践项目。归纳厦门大学思想政治理论课实践教学的特色做法，有以下三点：

第一，课题调研，形成可长期跟踪的实践选题。厦门大学的实践教学侧重于用课题、项目的形式对相关社会问题开展研究。以思想政治理论课为重要载体，思想政治理论课教师全员参与，在实践教学中全程指导学生，特别是在暑期组织的实践教学中全程带队与学生一起参与社会调研并深入指导调研活动和调研报告的撰写，直至形成高质量的调查报告和咨政报告。此外，课题式的实践教学还具备了跟踪式调查的特点，一个主题、一个问题会在不

同年份的实践教学活动中持续跟进，用跟踪式调查的方法获取更为准确、客观、全面的数据，进而分析问题，服务社会。目前已经形成的长期跟踪与研究的项目或课题包括：（1）当代中国协商民主运行机制建设研究；（2）城镇化进程中农村社会发展与扶贫研究；（3）中国特色社会主义生态文明建设研究；（4）红色文化资源的整理、保护与利用研究；（5）中国社会转型期社会矛盾解决机制研究；（6）当代主要社会思潮对中国大学生理想信念的影响。

第二，理论社团支撑实践教学。通过实践主题创新，厦门大学逐步形成了"面、线、点"结合的教学问题库和实践品牌。我们着力培养创新型人才，关注党和国家发展战略需求以及大学生成长成才热点难点问题，立意高远，面向宽广，推动实践教学服务高等教育小逻辑的同时也服务国家发展大逻辑；通过师生共建课题组，做到持续跟踪相关问题，深挖实践主题，确保研究的长期性与稳定性。与此同时，实践教学的问题库逐步关注福建红色文化、生态文明，尤其是习近平总书记在福建足迹的"焦点"，逐渐形成了具有地域特色和区域影响力较强的实践品牌。实践教学的推进，除了有师资的保证，参与的学生也是其中不可或缺的重要因素。为了进一步实现实践教学的科学性与可持续性，马克思主义学院推动成立了专门的理论社团支撑实践教学。以实践教学孵化形成的"农民之子"理论社团被团中央等部门评选为"全国百佳大学生理论学习社团"，学生撰写的调研报告也被评为"全国百篇大学生优秀理论成果文章"。在理论社团基础上申报的"习近平治国理政思想读书社"和"马列经典著作读书社"获批福建省高校首批重点马克思主义理论读书社，厦门大学2022年获批福建省习近平新时代中国特色社会主义思想大学生研习社。

第二节　"三位一体"教学模式改革的总体成效

厦门大学全面贯彻习近平新时代中国特色社会主义思想和党的二十大精神，以习近平总书记致厦门大学建校100周年重要贺信精神领航，全面落实上级文件要求，立足提升思想政治理论课的针对性和实效性，增强大学生对思想政治理论课的获得感。根据中央的任务部署和要求，大力加强思想政治理论课建设创新，进一步落实落细厦门大学近年来实施的思想政治理论课"三位一体"的教学改革，健全和完善"课堂（专题）教学+网络教学+实践教学"的教学体系和教学模式，思想政治理论课教学的亲和力和学生的获得感不断提高。

一、建立了"专题、网络和实践"三位一体的教学体系

第一，加强思想政治理论课教学改革的顶层设计，"专题、网络和实践"三位一体的教学体系强化了授课的系统性和整体性。"三位一体"教学模式打破了以往治标不治本的改革策略，构建起全局改革框架，有助于深层分析教学重点部位的痛点和难点，打通思想政治理论课供给侧的堵点，聚焦综合改革。在实施专题、网络和实践教学的每一个环节，考虑到三者相互促进、相互补充，形成了思想政治理论课改革的有机整体，教学环节的对接具有连贯性，能够使课堂教学同线上巩固和田野调查相得益彰，紧密衔接。思想政治理论课教学各要素各主体协同发力、共同推进教学改革取得实效，超越了过去单向度的改革方法，不再将单独环节作为待解决的短板弱项，不再采取头痛医头、脚痛医脚的固有思路，从而开创了新型教学模式的"三个方面"并驾齐驱全方位立体化的新思路，形成了较为系统的教学体系。首先，问题意识是引领思想政治理论课专题教学的原动力，为了彰显理论课的学术前瞻性和思想吸引力，思想政治理论课教师以科研成果促进教学成果转化，以问题为导向驱动单元知识的专题化教学，告别了理论空洞思想空泛的灌输式教学，从而让学生有收获能消化。带着强烈问题意识的专题教学还能开拓更为广阔的知识空间，挖掘调查研究的积极能动性，以问题融入教学，不但能够以理服人以情感人，而且能够激发师生协作探究与田野调查的积极性，有效克服了课堂教学主题不准、教学科研"两张皮"的弊端，从而赋予思想政治理论课绵延不断的魅力与活力。其次，网络教学平台能够实现以学生为主的翻转课堂，拓展和延伸第一课堂，学生通过网络空间能够自主消化吸收课堂未掌握的知识点，辅助提升思想政治理论课的理论深度。网络教学有助于实现校际网络课程的互联互通，比如中国大学MOOC平台、清华在线、易班平台、课

堂派等提供了优质专家授课资源，能够帮助学生完成对教材知识体系的系统学习。网络教学平台还具备巩固意识形态网络阵地的特点，适合将书本知识应用于日常生活，构筑线上社区供师生互动和答疑，从而提升课外践行效果。最后，实践教学是检验学生对于知识的掌握运用以及团队协作能力的有效阵地，在课外实践过程中，师生能够更为密切地沟通和相处，学生从项目合作中得到资料收集、加工分析、实践调研能力的锻炼，更加突出思想政治理论课的应用性特点。总之，结合"三位一体"教学改革是贯穿理论和实践的系统性教学改革，三者相辅相成并能够形成一个逻辑闭环，每一个环节都可以作为上一个环节的考核方式，是检验教学能力和学习能力的重要体现。

第二，探索新型思想政治理论课教学改革模式，增强考核的科学性灵活性。厦门大学早在 2014 年开展"毛泽东思想和中国特色社会主义理论体系概论"课的"三位一体"教学模式，历经 2 年多的探索与评估后，2016 年决定从试点科目铺展至全校思想政治理论课。从考核办法的改革上看，厦门大学思想政治理论课首创了"网上测试（20分）+ 课堂实践（30分）+ 期末笔试（50分）"的成绩考核办法。其创新点主要集中在三个方面：首先，网络教学平台发挥在线测评的作用。网络教学平台作为电子化的自学、自测与考评系统，可以弥补专题教学对于书本知识内容讲授的不足，还可以成为课堂外的师生线上互动新阵地，发挥在线交流的作用，成为师生间答疑解惑的沟通桥梁。该平台不定期更新和完善最前沿的"思想政治理论"课的时政信息与多媒体资料，可供学生自行选择下载与学习。电子测评能够促进学生巩固课堂学习效果，完善对知识的掌握程度，试题库的更新和考评数据上传可以对学生的在线活跃程度进行监督，加强学生在网络教学平台的时间管理，鼓励师生交流的线上互动更加开放更为包容。其次，适当提高实践教学考核的分值占比，支持开展形式多样的实践教学活动。厦门大学注重部门协作并开发暑期社会实践多样化模式，将暑期社会实践成果纳入必修课学分。与此同时，思想政治理论课堂也增加了小组讨论环节，引导学生分组参与社会调研、校园调查、座谈访问等实践形式。任课班主任和助教组织并指导学生专题开展案例讨论、辩论演讲、课题汇报、答辩展示等多样化的实践教学活动，切实锻炼了学生的批判性思维与表达能力，达到了学生素质提升的预期目标，讨论课的分值最终纳入期末综合素质考核范围内。最后，期末试卷的题型布局更为合理，设计较为灵活，能够充分考查学生分析问题、解决问题的能力。比如题型布局方面，采用论述题、材料分析题、案例分析题等形式，聚焦学生有关现实问题的抽象思维考察；题目设计方面不再以概念性背诵性知识的考核为主，而是将社会热点问题以及生活实践案例作为考试重点，可以有效地反映理论与实践相结合的能力。在评卷阅卷环节，期末试卷不再设置标准答案，不再僵化地拘泥于单一性观点，而是设置大略的评分原则，能够为学生创造性思维松绑。

第三，坚持在改进中加强，提升思想政治教育亲和力和针对性。"专题研究"教学法将教师的课堂讲授、答疑解惑、评点引导、总结提炼，与学生围绕专题读书自学、查阅相关文献、掌握基本理论和开展实际调查研究等结合起来，引导学生进行自主性、创造性学习，以深化学生对理论知识和实践问题的理解与认识，提高理论水平和政治素养，提高获取知识、创新思维、口头表达和科研能力，促进团队合作精神与创新能力的提升。"网络交互平台"教学法就是通过运用新媒体新技术使工作活起来，推动思想政治工作传统优势同信息技术高度融合，增强时代感和吸引力。"社会实践活动"教学法根据课程教学安排，采用社会调查、情景剧创演以及公益活动等多种实践形式，营造活跃的创新氛围，让全体学生主动参与其中，进行策划、准备、组织和实施，在学习与研究相结合、理论与实践相统一的过程中，实现思想政治素质提高和创新能力的提升。[①]

二、思想政治理论课教师研教及社会服务能力增强

第一，将思想政治理论课教学同科学研究、社会服务有机衔接，有助于教学成果转化。传统的思想政治理论课教师以教学型为主，较少面临科研工作和服务社会的职责，如今，思想政治理论课教师不仅担负着教学任务，而且也肩负着科研重任。处理好教学与科研的关系成为"三位一体"教学改革的显著优势，以问题为导入的专题教学方法，能够激发教师的科研热情，促进教师集中精力强化自身科研能力，以科研促教学赋予了教学内容鲜明的理

---

① 侯利标，李小平. 厦门大学马克思主义学院院史[M]. 厦门：厦门大学出版社，2021：144.

论特征；以调研为导入的实践教学方式，能够及时将教学科研成果转化为社会服务，每项实践教学课题都是鲜活生动的案例，帮助师生接触到广大县域和乡镇、社区村落的基层单位，有机会同基层工作者面对面交谈，寻找到使学生产生浓厚实践兴趣和强烈问题意识的研究课题，加强对中国基本国情的了解。实地参访红色革命圣地、特色小城、民居村落等，有助于坚定理想信念，筑牢信仰之基，也有助于学生实现高校产、学、研一体化目标。在网络教学环节，引进一套现代化的信息技术形式，发挥其在思政教育之中的作用，可以在很大程度上体现创新的教育发展观念，对思政教育的发展具有积极意义。而实践教学不仅开发红色教育沉浸式体验项目，而且还可以把思想政治理论课上到田间地头，丰富社会主义新农村建设模式，打造校地合作新战略，运用课堂所学和专业的力量，把论文写在祖国大地上，丰富农民精神文化生活。

第二，通过实践教学，教师不断探索思想政治理论课教学方式，实现了教学效果的大幅度提升。一批思政"金课"不断涌现，教学研究不断深化，国家级名师工作室、全国高校思想政治理论课教学标兵、教师影响力人物、国家级思政精品项目、国家社科基金思政专项、教育部高校示范项目、教学方法改革项目"择优推广计划"等，彰显思想政治理论课教师教学水平的提升。与此同时，教师在实践教学中进一步实现科研与教学的双向融合。师生出版实践教学著作42部，发表相关论文百余篇，其中2篇发表于《中国社会科学》。思想政治理论课社会服务能力显著增强，项目形成咨政报告84篇，并有47篇获省部级批示采纳。通过实践形式创新，厦门大学生成了崭新的研学融合、研教融合的问题研究方式和教学模式。我们以能够持续跟踪的大课题为抓手，倡导教师全员带队，全程指导学生进行实践研学。通过研学融合，同学们自主探究问题，撰写高质量的调查报告，并把成果孵化成各类赛事的作品，在这过程中，同学们的独立思考、创新创业和社会担当能力明显增强。通过研教融合，教师深化理论研究与现实的结合，申报课题、撰写论文，提升科研能力。与此同时，教师通过实践教学积累素材，出版特色教辅教材，案例式、讨论式教学方法在课堂广泛应用，实践教学对课堂教学的反哺作用显著提升。

三、思想政治理论课"三全育人"效果显著提升

首先,全员育人方面,老师和学生全员参与,育人效果不断提高。教师团队赴全国开展调研,形成多份咨政报告。厦门大学思想政治理论课"三位一体"教学模式改革有针对性地解决了一系列思想政治理论课面临的难点和痛点。师生之间的互动大为增强了,教师本身的信息素养也在不断提升,我们的教师对信息有了高度的敏锐度和感知力,能够及时丰富和更新信息储备;教师团队更为注重学习信息知识,实现理论教学和网络教学的统一。我们的学生可以根据自身的学习特点,在课余时间,登录网络教学综合平台,进行题库练习,查看教学资源,有针对性地弥补自身的知识漏洞;小组合作制的实践育人模式,丰富了思想政治理论课育人的形式,学生组长和组员能够根据自己擅长的领域进行分工,其兴趣和爱好也得到了科学化系统性的锻炼和培养,尤其是讨论课堂上,同学们比刚入门时更为活跃了,互动问题的参与度有了明显提高,问题意识和分析能力也大为增强,实践育人达到了预期效果。2015—2023 年,厦门大学在全国各地先后同地方党政有关部门共建了实践教学基地 20 余处,实践教学点 160 余处,思想政治理论课实践教学的调研小组超 4000 个,累计共有 8.2 万多名学生参与。调研足迹覆盖全国 31 个省(区、市)160 多个县(市、区),形成了 4000 份调查报告,其中有 60 多篇作为咨政报告提交给中央农村工作领导小组办公室、政协全国委员会办公厅、国务院扶贫办(2021 年改为国家乡村振兴局)、国家林业局(今为自然资源部下属的国家林业和草原局)、福建省委和省政府办公厅等省部级及厅局级机构,并有 30 篇咨政报告获得省部级领导批示或被有关部门所采纳或作重点推荐。厦门大学马克思主义学院还结合党和国家的重大需求与自身的科研方向,重点培育了 10 多个思想政治理论课实践教学的长期性调研课题。目前,这些多年持续跟进的课题调研已为系统深入的科研打下了坚实的基础。

其次,全过程育人方面,促进了实践形式创新,生成了崭新的研学融合、研教融合的教学模式。厦门大学实行思想政治理论课"三位一体"教学模式以来,认真落实"三全育人"机制,倡导教师全员带队,全程指导学生进行实践研学。通过研学融合,同学们研究能力和社会责任感不断提升,并且,教师

通过实践教学积累素材，出版特色教辅教材，案例式、讨论式教学方法在课堂广泛应用，主要采用的是学校、社会、师生共赢的实践教学模式，有效打通了思想政治理论课理想信念教育的"最后一公里"，不断促进思想政治理论课教学成果转化，尤其是将暑期社会实践项目和调研课题同大学生创新创业大赛、挑战杯等赛事相互支撑与转化，使得实践教学对课堂教学的反哺作用显著提升。2012—2022年，项目已有8.2万余名大学生受益，形成2000多份优秀社会调查报告。学生对实践教学满意度明显上升，高达97%。通过实践，学生将研究成果进一步孵化，参与各类学业、学科竞赛200余项，参与福建省"马克思主义给予我们什么"主题征文比赛、省高校大学生"一'马'当先"知识竞赛等赛事，获奖数十项。学生在与中国现实的接触了解过程中，对马克思主义理论及中国特色社会主义认同度提高，主动组建"农民之子"社团进行乡村调研，撰写调研报告，获评"全国百篇大学生优秀理论成果文章"。

最后，全方位育人方面，在知识传授、价值塑造和能力培养方面师生都获得了成长。一是专题教学满足学生的求知需求，让学生有获得感。思想政治理论课要让学生有获得感，前提是要了解学生想听什么，只有这样才能为学生准备适合他们口味的"菜品"，进而提升学生的兴趣，转变其被动的学习状态。专题教学要做到精细准备，以高水平的科研成果和生动案例为强力支持，做到专题教学以理服人、以情感人。二是网络教学实现学生的自主学习。通过网络平台支撑必备知识点的学习，做好课堂教学进行专题化教学的准备，也使学生探索式和主动式学习成为常态，实现教学的翻转。三是实践教学坚定信仰打通学生理想信念"最后一公里"。实践教学帮助学生认真感悟党史、新中国史、改革开放史、社会主义发展史，认真了解中国具体国情和新时代中国特色社会主义的发展进程。实践教学采用的是"问题导向，多维协同"实践教学模式。该模式以"研学融合、研教融合"为主要方式，以政府、企事业单位、社会、学校实践育人协同联动为主要机制，培育具有独立思考能力、创新创业能力、社会责任感的时代新人。此外，厦门大学还联合省内兄弟院校开展了全方位立体实践育人活动，例如习近平总书记在福建工作期间坚持科学方法的理论和实践，乡村振兴（包括土地改革、林权改革、脱贫攻坚等），基层党建，闽东抗战档案整理，红色文化，中国共产党人的精神谱系传承，大学生思想政治理论建设，生态文明建设，城市治理等。总之，在全方位育人的思路下，厦门大学思想政治理论课教学的效果有了明显提升，师生获得感不断增强。

四、思想政治理论课"三位一体"教学经验推进推广

第一，思想政治理论课教育教学和学科研究工作同服务党的思想理论建设、服务国家和地方发展需要紧密结合起来。问题是时代的声音，课堂教学若只停留在书本理论的层面上，教育就缺乏针对性与实效性，不仅无法使理论具有说服力，也使理论丧失了自身的魅力。因此，思想政治理论课教师只有把教学科研与社会实践紧密结合，研究现实，回应问题，才能建立和强化理论自信，提高课堂教学中理论的说服力，使青年学生坚持正确的政治方向。一般来讲，我们认为思想政治理论课在实践育人过程中面临的问题包括两大类：一类是马克思主义中国化进程中的重大理论和现实问题，另一类是青年思想成长过程中的重大现实问题。前者是思想政治理论课的活水，要在熟悉马克思主义文本和基本理论的基础上，研究马克思主义在中国化进程中碰到的理论和现实问题，目的是要用彻底的理论说服教育人；后者是思想政治理论课教育对象的特点，只有了解和把握我们所教育青年的思想实际，思想政治理论教育才有针对性。厦门大学马克思主义学院通过组织引导、机制创新、政策鼓励和经费支持，打通实践教学、科研工作与社会服务，将智库建设与思想政治理论课建设和学科建设结为一体，有力地推动了教学、科研和社会服务三者的深入开展。一方面将社会服务作为教学科研同中国特色社会主义具体实践和国家战略相结合的桥梁纽带与实践载体，另一方面在提升思想政治理论课教育教学质量和马克思主义理论学科建设水平的同时，为党和国家提供决策依据、改革思路与解决问题的对策建议，建设高校新型智库。与此同时，实践教学由于获得面向重大现实问题的深入调研活动的支撑，强化了针对性和实效性，增强了育人效果；科研工作由于与国家和地方重大战略接轨，强化了面向重大现实问题的导向，推动了对重大理论问题的研究和理论创新；智库建设和社会服务则得益于广大教师和学生的积极参与，获得教学科研的支撑，得以深入推进并使成果质量不断提升。值得注意的是，新时代大学生理论学习主要是对间接经验的吸收，要使理论成为自身的思想和行为，

甚至内化为理想信念，就必须通过实践的验证和充实，进而形成自己的价值判断。当前，高校存在教育教学与社会实践脱离的现象，部分学生不了解国情民意，分析和解决实际问题的能力不足，对社会以及党和国家的领导缺乏认同感，甚至政治信仰迷茫，理想信念模糊，对中国特色社会主义理论没有明确的政治认同，更谈不上转化为自觉的信仰力量和实践行动。因此，为了更好服务党的思想理论建设、服务国家和地方发展需要，高校只有把思想政治理论课堂理论与社会实践紧密结合，才能将理论认同转化为政治认同，真学真信，使广大青年的爱国热情融入党和人民最需要的地方和事业。

第二，思想政治理论课实践育人是高校创新人才培养的重要组成部分，厦门大学思想政治理论课"三位一体"教学改革经验做法也得到了广泛的推广。首先，根据实践教学成果编写出版的实践教学教材得到广泛使用，其中《福建红色文化读本》等被省内多所学校列为教师用书和学生读本。2016年福建省教育厅发文（闽委教思〔2016〕2号）在全省示范推广本成果，教育部网站、光明日报、人民网、新华社、学习强国等重要媒体也分别报道关注。此外，先后有南开大学、中山大学、吉林大学等90多所高校前来交流学习，形成良好的示范效应。其次，厦门大学认真坚持和落实产学研结合的办学理念和方式，建立学习、生产和科学研究良性循环机制，才能培养具有强烈创新意识和能力的高素质人才。产学研结合教育充分利用学校与企业、科研单位等多种不同的教育环境和教育资源以及在人才培养方面的各自优势，把以课堂传授知识为主的学校教育与直接获取实际经验、实践能力为主的生产、科研实践有机结合，着力培养学生优良素质、综合能力和创新能力。当前，高校师生大多习惯于待在"象牙塔"里做学问且喜欢做关于"理论"的学问，关注的是自己的研究成果能否发表在高水平的刊物上，而忽视学习和研究的社会服务功能。毛泽东在《人的正确思想是从哪里来的？》中说道："人的正确思想是从哪里来的？是从天上掉下来的吗？不是。是自己头脑里固有的吗？不是。人的正确思想，只能从社会实践中来，只能从社会的生产斗争、阶级斗争和科学实验这三项实践中来。"① 正确的思想和正确的理论只能从实践中来，师生能力的培养离不开鲜活的实践。高校师生的学习科研要与生产结合，

---

① 毛泽东.毛泽东文集：第8卷[M].北京：人民出版社，1999：320.

要研究实际,反映人民的需要,解决现实的问题,推进社会的进步。再次,对于理工医等自然科学的师生来说,要到社会主义经济建设的主战场去寻找课题,要实现个人研究兴趣和专长与社会需求相结合,更多地支持与企事业单位实际需要密切结合的科研课题;对于哲学社会科学的师生来说,要扎根于实践,注重调查研究,重视哲学社会科学研究工作者对国家发展的智库作用,成为社会主义事业建设的重要智慧源泉。高等院校应在产学研的统一规划下进行人才培养,在面向社会主义事业建设主战场开展产学研结合的实践中锻炼科研队伍,使高校真正成为知识和科技创新的重要基地。

第三,"三位一体"的思想政治理论课教学改革得到了社会各界的认可与肯定。厦门大学思想政治理论课"三位一体"教学改革得到了教育部和福建省委宣传部、省委教育工委、省教育厅的肯定。2015 年 11 月,教育部网站先后以《厦门大学着力加强马克思主义学院建设》《厦门大学:地方领导来当思想政治理论课老师》为题,对厦门大学马克思主义学院构建教学、科研和社会服务"三位一体"的教育模式和"课堂教学+网络教学+实践教学""三位一体"教学体系与教学模式等举措进行了报道;福建省委教育工委、省教育厅正式发文在全省高校推广厦门大学马克思主义学院建设和思想政治理论课教学改革的经验。2016 年,厦门大学马克思主义学院入选首批福建省重点马克思主义学院。厦门大学思想政治理论课教学改革的做法和学生的感受也得到国家级重要新闻媒体的报道。2017 年 5 月 9 日,《光明日报》就"厦门大学'问题导向式专题教学'让学生上得过瘾"对厦门大学的思想政治理论课教学改革进行全面的报道。在全国高校思想政治工作会议召开期间,新华社刊发了题为《党的十八大以来加强高校思想政治工作纪实》的通讯,其中专门报道了厦门大学拿出专门学分作为实践学分,要求所有学生参加社会实践的改革举措。随着思想政治理论课程建设持续推进,马克思主义学院已经拥有 4 门省级及以上一流本科课程,其中 1 门获批国家级一流实践课程,有 4 门本科生思想政治理论课程获批省级精品在线开放课程;教学成果获奖丰硕,先后于 2014 年、2017 年获得省级教学成果二等奖,2022 年获省级教学成果特等奖;实践教学不断深化,设立实践教学调研基地 25 个,其中 2 个基地获批省级实践教学基地,实践教学成果曾获全国大学生"挑战杯"竞赛特等奖和团中央百篇大学生优秀理论成果文章等奖项。厦门大学加强马克思主义学院建设和推进思想政治理论课教学改革的思路与举措，也得到国内高校同行的广泛认同和关注。

第三节　教学改革中存在的问题与不足

一、专题教学的问题与不足

专题教学是"三位一体"教学的核心，从一定意义上说，网络教学和实践教学都是服务于课堂的专题教学的。目前关于专题教学存在的问题包括以下方面：

（一）专题教学内容与课本内容有所割裂

"三位一体"教学模式下，每位老师不再讲授本课程的所有内容，而是选取其中的重点内容进行讲解，打破了教材的章节结构体系；每个课堂也不再是某位老师承担所有的课时，而是由不同的老师共同完成本班的教学任务，将在同一班级呈现不同的教学风格，教学的连贯性和一致性被打破。专题教学模式虽然内容新颖、切合时政且有思想深度，但是同教材书本上的内容有一定出入，再加上期末试卷中的考试内容还是要涉及教材书本上的知识，这就使得学生陷入应试"临时抱佛脚"的被动局面。这提示我们必须从学院、教研部及教学团队层面进一步加强宏观规划，严把专题出口关。每门课程的专题设计都要精心谋划，紧紧围绕该课程的总体目标，理出该课的主体脉络及逻辑体系。各门课程之间的专题教学设计与实施由各个教研室统筹，做到相辅相成，贯穿主线，形成合力。新版高等教育思想政治理论课教材在内容上较为系统，知识更加贴近时事政治和日常生活，如果教师在未完全掌握新版教材内容的基础上开展专题教学，显然就会使得公认的思想政治理论课教学目标大打折扣，这也就要求思政课教师的授课内容做到与时俱进及时更新，如果教师自己对新版教材掌握得不到位，无法做到专题教学的融会贯通，就难以给出一个较为完整的知识体系和思维导图，由此造成学生所学的课堂内容与"思想政治理论课"教材上的知识是割裂的。这种人为割裂不利于拓宽学生视野、锻炼思维能力、提高核心素养。另外，需要注意的是，各门课程虽然同属于思想政治理论课大类，但是不能采取专题教学的"一刀切"，因为各门思政课教材各有其内在的单元结构性和逻辑连贯性。我们的专题教学安排如果打破了既有的章节安排就会造成思维发散，就会引起教学内容同教材文本的割裂，这样会影响学生的理解、吸收和消化，其获得感也将大打折扣。这提示我们不是所有的课程都适合做专题教学。

（二）专题教学的内容深度难以把握

在"三位一体"教学模式下，每个专题的设立，不可避免地要参考各位老师的专业背景、研究特长以及兴趣爱好，教师比较容易形成相对固定的专属领地，不能做到对思想政治理论课的整体性和系统性的关注。首先，从专题设置来看，校内外专家进课堂打破了分单元教学的惯例，尽管各专题内容各有侧重点，但内容上存在交叉重复。专题与专题的衔接不畅，课程的逻辑体系被打乱。其次，由于专题教学对于教师的理论功夫要求较高，也在教学中发现，有些教师备课不够认真，专题性和学术性不够。因为学生类型多，程度参差不齐，课程有时过于迁就基础知识薄弱的学生，使得专题教学的学术性、思想性不够。专题内容的深度、难度把握不统一，有些专题涉及内容偏多，内容较深，有些专题基本根据大纲要求的知识点展开，只做了适度扩展。再次，专题教学课堂时间有限，很难安排师生互动的时间，学生表述观点的时间在很大程度上受到了专题教学进度的限制。由于每一堂课的轮值教师不尽相同，缺乏长期性和连贯性，这就使得专题教学的师生缺乏课前课后沟通。虽然每学期总会有四至五次讨论课，但是可供交流的老师仅有课程班主任全程参与，其他教师只负责轮流授课环节。由于对班级学生的水平不够了解，存在陌生老师面对陌生班级的轮换制度，教师讲解的深度和难度无从把握，只能是按照既有的备课进程讲授，这就影响到专题教学的整体实施。最后，教师能力水平参差不齐。有时候专题教学邀请的教师来自校内外不同行业领域，教师的理论水平和实践能力各不相同。思想政治理论课的专题领域是分散的，每堂课都会邀请不同行业领域的专家来课堂授课，涉及"五位一体"总体布局等方面的内容，教师之间缺乏沟通，前后次课堂的教学内容有可能失去逻辑性和连贯性，再加上专题教师的研究方向不同，专题教学知识讲解的深浅程度不一，容易导致学生消化吸收的效果千差万别，就会造成专题课堂不够理想的局面。

（三）专题教学绩效考核有一定难度

在专题教学实施过程中，思想政治理论课的授课主体为校内专家，以邀请校外专家和知名学者为辅，同时还会邀请政府管理人员、社会精英以及行业知名人士作为补充。这样带来的益处是校内外专家充分发挥专长，为授课对象带来现实感和多层次宽领域的认知体验，但是由于老师来到课堂的次数较少，有的专家每学期仅能授课一次，为专题教学绩效考核增添了难度。首先，专题教学推行后，每门课程、每位老师的课堂和授课对象不断变化，课堂内外的教学环节相应增加，关于如何考核教师的教学效果，迫切需要出台一套更加科学综合测评体系。这个测评体系要关注过程管理，提升考评的科学性。另外，由于师资缺乏，专题竞争上课并未实现。尤为重要的是，教师数量不足也是影响教学绩效的关键因素。由于教育部要求思想政治理论课教师按师生比1∶350配足，但许多高校的思想政治理论课师生配比在短期内无法达标，这就会出现单个教师承担的教学任务量过重的局面。鉴于教师的精力有限，如果承担思想政治理论课的教师数量不足，就会造成因工作量增加所导致的教学质量下降问题。其次，虽然专题教学改革的出发点是好的，旨在突破教材章节壁垒，将知识的系统性整体性呈现给学生，激发学生的前沿思维和深度分析能力，然而其中并未考虑到学生的接受程度以及理解能力参差不齐。如果课堂现场的参与感不足也会影响到学生的获得感，核心素养的形成更无从谈起了。再加上期末考试的方式还是要采取闭卷笔试，没有开发相应的面试和团队考核等方面的测试，这就带来了学生成绩和实际能力的反差。教师为了赶在期末考试之前完成授课，难免会引起讲课进度的加速，学生短期内的成绩见效慢，传统单元授课制反而会在短期内提升学生考试成绩。最后，老教师对于传统的顺序授课制比较熟悉，对于专题教学模式不可能快速掌握和运用起来，新进的青年教师如果还未熟悉教材内容就直接讲授专题，那么相应的思想政治理论课教学效果可想而知。因此，专题教学在学生考试与教师考核中均存在两难境地。

二、网络教学的问题与不足

"三位一体"的课程教学模式是厦门大学思想政治理论课程的特色,也是建构本校大思政格局的主要途径和手段。然而,随着思想政治理论课网络课程教学的不断开展,主要存在以下问题:

(一)网络教学综合平台有待完善

网络教学综合平台是一个集教师信息、课程信息、课程介绍、课程通知、课程学习、教学资源、在线测试、答疑讨论、课程问卷等功能于一体的综合性平台。基于"互联网+"时代,线上思想政治理论课堂成为传统课堂的有益补充,同时对本校网络教学平台的技术也提出了新的要求。当前,网络课程教学普遍存在设计单一化、缺乏特色和吸引力的问题,一般采取网页版的形式,相关技术人员将思想政治理论课的教学内容、课件简单地堆砌到平台上,并以大量的文字内容为主,缺乏创新和活动交流,设计单调,无法调动学生的兴趣。

目前,厦门大学网络教学平台存在的主要问题在于网络教学系统的不稳定性。这是因为思想政治理论课的授课对象是全校的本科生,需要承载很大的访问量,对网络教学系统的性能提出了很高的要求。网络教学平台的试题库可供同学们日常自学自测,但是到期末在线考试的时候,容易出现一定程度的网络拥挤,技术人员要及时刷新数据,保证高峰期的浏览访问,日常维护和精准维护是有必要的。

(二)教师自身信息素养有待增强

教师不仅要强化自身的引导力量,成为当代大学生精神养成的指路灯、引路人,更要努力提高自身信息素养,做"互联网+"时代网络教学发展的领航者。随着信息化教学的不断发展,教师的主要工作不再是传递知识,而是成为网络学习环境、活动、资源的设计者、开发者和管理者,成为学生学习的支持者，成为网络学习的促进者和引导者[①]。教师的信息素养是充分发挥网络课程教学作用的重要因素。思想政治理论课教师作为理论教学和实践教学的主体，在当前思想政治理论课教学中发挥着重要作用，是构建本校大思政格局的重要主体力量。网络教学平台是一种线上线下的双向互动模式，学生在平台上就相关理论知识向老师进行提问，老师却对此回答甚少，或者让网络助理进行回答，更有甚者不予回答。这样，就使得网络课程教学中的师生互动成为一种摆设。一方面，受传统教学方式的影响，学生没有适应或者养成与老师进行交流互动的习惯，在传统的教学模式下，思想政治理论课以老师的教授为主，学生在课堂上被动接受，他们不愿意主动去提问。另一方面，由于老师未能及时在网络上回答学生所提的问题，这就在某种程度上挫伤了学生的积极性。

（三）学生自身重视程度较弱

高校思想政治理论课的主要责任在于培养和塑造当代大学生正确的世界观、人生观和价值观，即"立德修身树人"，负有维护高校意识形态安全的重要责任。师生在网络空间的对话交流少和活跃度低导致网络教学的实时性反馈功能未能充分发挥，而真正用网络教学系统辅助思政教育的教师少之又少，这就导致学生兴趣不足，只能在题库训练和期末在线考试时应付行事。定位模糊导致网络教学系统的超时空优势未能充分发挥。现实中，学生离不开手机和互联网，但多以电子游戏和虚拟空间的社群聊天、娱乐活动为主，线上网课形式设计远不如网上娱乐更有冲击力和吸引力，这也就出现了"三位一体"教学模式期待与施行过程的不对称。

当代大学生作为思想政治理论课的授课对象，对思想政治理论课的重视程度不太够。由于网络教学是思想政治理论课的一种辅助教学模式，更不会引起学生们的重视。之所以会出现对思想政治理论课不重视，主要有以下两个方面的原因：一是思想政治理论课的意识形态性强。生硬的政治性色彩浓厚的教学引起了学生的厌烦，使其把学习政治理论课当成一种负担。二是大学生都更加注重自己本专业课程的学习。调查显示，约1%的学生认为思想政

---

① 梁林梅，罗智慧，赵建民.大学教师网络教学现状调查研究：以南京高校为对象[J].开放教育研究，2013，19(1)：74-84.

治理论课无用，12%的学生认为学习该门课程只是因为成绩需要或是未来考研需要。只有学好自己的专业课，才能使得自己以后找到一份比较理想的工作，学习思想政治理论课对未来工作并无太大帮助，甚至认为学习思想政治理论课在某种程度上是浪费时间。思想政治理论课只是一门公共政治课，学不学得好并没有太多的影响，只要能及格就好，学好自己本专业才是需要付出很大努力的事情。这说明当前思政课教学尤其是网络教学同青年大学生的期待存在一定差距，网络教学内容需要持续加以完善。

（四）教学资源和教学材料稀缺

网络教学资源是高校思想政治理论课网络课程教学的突出优势，也是网络教学的重要组成部分。大数据时代，"互联网+"数字校园的建设已经逐步在全国高校全面铺开，同时为思想政治理论课"三位一体"教学改革提供了优先发展的机遇，传统的教学模式并不能满足学生日益增长的精神文化需求，这就需要网络教学平台提供正能量的精神食粮，从而达到促进学生全面发展的目的。目前，网络课程教学资源存在浏览次数较少、资源利用率低等问题，主要表现在以下几个方面：一是教学资源摆放不科学，学生查找困难。目前，学校的平台上都有思想政治理论课的资源库，有许多形式多样的教学资源，但是教学资源的上传位置和摆放不科学，未进行科学设计，导致学生想要找到自己所需的学习资源，往往需要花费很长的时间，致使学生的积极性、主动性下降。二是教学资源内容陈旧，没有及时更新学科资源，没有凸显现实性、时代性。部分思想政治理论课网络教学资源内容丰富，有视频、文档、课件等各种形式，但是部分内容和素材取自教材，并没有补充、丰富和更新网络课程资源，使得网络教学资源对学生缺乏吸引力。以"毛泽东思想和中国特色社会主义理论体系概论"课为例，"毛泽东思想和中国特色社会主义理论体系概论"课教学在网络环境下的机遇前所未有，但是资料库并没有及时建设，没有更新充足的时事政治讯息，缺乏如滚动头条或超链接官方网站等新颖形式，不免让学生感觉枯燥和乏味。"毛泽东思想和中国特色社会主义理论体系概论"课的网络资料库中深度和厚度不够，缺少将党史、新中国史、改革开放史、社会主义发展史等"四史"教育、我国进入新时代十年的历史性巨变、当代各国的政治发展动向、世界经济交往与博弈、后疫情时代的全球态势以及应对气候变化等课题的资料加以整理，学生对于时政要闻的关注渴求在思想政治理论课堂上得不到有力回应，就有可能受到互联网片面分析的误导，如果全局观系统思维不占领学生的意识高地，那么片面地曲解的思维就会来占领。高校思想政治理论课网络教学的主要功能就是服务时政分析和巩固意识形态网络阵地的，否则就将落后于互联网时代。为此，网络教学平台需要引进更多名校专家慕课等多渠道立体化的方式，让学生能够更好地坚定理想信念、筑牢爱党爱国爱社会主义的信仰根基，调动他们的学习兴趣，促进课堂教学的开展。

三、实践教学的问题与不足

以课题组形式推进社会实践教学，其内容、方法、手段、目的也存在问题，学生动手实操能力、调查研究能力、服务社会能力有待进一步提升。

（一）实践教学"三步走"衔接不足

社会实践教学在团队组织、课题衔接和调查培训等环节衔接不足，表现在以下方面：（1）团队衔接不足。长学期的实践团队难以完整地转化为短学期的实践团队，使长学期一些较有潜力的课题难以深化，对课题的持续研究带来挑战；在实践教学中，教师把本次团队人员分工、调研主题、实施方案、访谈目的及其内容甚至访谈的对象都规划得过于明晰，影响了学生自由发挥的空间，只能机械地完成任务，不利于自主调研实践能力的养成，团队参与感和融入度不高，一旦离开了教师，学生就不知所措。（2）课题衔接不足。长学期实践教学局限于校内、市内或周边地区，限制了实践团队的选题。而短学期的实践队接受基本培训后，常常在更广的范围与地域内另行选题。由此带来两方面的问题：一是长学期的课题少人问津、难以持续；二是短学期团队成员的前期准备不足，颇有"心有余而力不足"的无力感。（3）社会调查培训衔接不足。受制于专业与学术背景，无法要求所有教师具备良好的社会调查的技巧与能力；由于培训不足与方法欠缺，有些学生团队难以完成高质量的实践报告。如何做到持续有效的社会调查培训、提高社会调查的质量是目前亟待解决的问题。

（二）实践选题分散且未成体系

虽然马克思主义学院在厦门大学全校范围内面向所有部门和教师征集社会实践课题，但实际上各职能部门和各院系能够提供的课题非常有限，其他学院教师或团队的课题很少纳入实践教学中来，学生选择的课题十分零散，聚集度不够。因此，如何利用思想政治理论课老师队伍和学校4万余名本科生、研究生一起推进大型课题或项目调研工作，如何鼓励其他学院师生了解并参与我们的实践教学，还需要进行研究与协调；如何开拓研究领域，整合研究议题，以形成具有重要影响力的课题或项目研究资料库等，还有大量的工作要做。实践教学还面临着团队偏小、形式单一、主题重复等问题，实践日程安排走马观花，与当地群众交流甚少，难以发挥实践教学的调研访谈功能。厦门大学思想政治理论课实践教学基地多聚焦在红色革命圣地，但是能真正挖掘当地红色资源并转化为科研成果的实践教学少之又少。学生的实习就业和社会实践活动大多数时候是割裂的，而实践基地与部分学生专业相差甚远，因而学生在实践过程中只是听任老师安排，自己被动接受，缺乏自觉能动性。

（三）思想政治理论课教师实践调研能力有待提高

在指导老师和学生的互动合作中，同学们确立的议题极富有现实意义，社会实践的过程也如火如荼，但是如何把文献知识与实践调查结果结合起来，不断提升问题意识，强化理论分析过程，使调查报告更富有理论价值和实践价值，是目前亟待提升的方面。这一方面需要指导老师后期阶段的倾心投入，另一方面需要同学们夯实理论基础，苦练基本功。马克思主义学院思想政治理论课教师带队暑期实践已经10多个年头了，教师们认真积极，取得了不错的成果，但也越来越多的教师深刻感受到自身田野调查能力的不足，调研方法有待进一步提高。通过实践教育活动，教师应当帮助学生将获得的理论知识转化为实际能力：一是技术能力，包括实践动手能力、解决实际问题的能力、自主创新创业的能力等。二是素质社会化能力，该能力是受教育者的品行素质社会化的过程。包括具有强烈的社会责任感和使命感，组织协调沟通能力、集体攻关能力、口头表达能力、适应社会团结合作的能力等。高校在选聘、任用、培养高素质师资队伍的同时往往忽略对实践能力的考察，思想政治理论课教师很难将教学科研能力和动手实操能力放在同等重要的位置。由此造成的后果是，青年教师承担更加繁重的教学任务以及课程评比、科研压力等因素，难免在实践环节上出现时间压缩和精力不足，这也会影响实践教学的整体质量。

（四）实践教学保障措施尚未完善

课题组实践教学推进过程中，在操作的层面有如下问题亟需完善：（1）题库建设。由于安全因素，学生的实践地点不可能太远，可以选择的题目非常有限，常常出现若干班级题目选择重复。（2）时间衔接。由于时间规划不到位，有的班级实践教学显得匆忙，且有的班级的成果展示与期末复习时间重合，未能达到理想效果。（3）经费使用和报销。新教师在经费的使用和报销工作上缺乏经验，需要专门性系统性的培训。（4）成果奖励的标准和幅度尚未形成制度化的文件在全校层面推广认定。（5）评分标准。调查报告和成果展示的分数比例权重还未统一规范。（6）档案的保存。大量的文字图片和音像材料保存较难。（7）教师工作的跟踪和工作量的核算还未全面规范和落实。教师缺乏对实践教学质量积极主动的自我约束机制，实践教学有较大的随意性。（8）后期成果的孵化工作还需要进一步加强。（9）学校思想政治理论课实践教学标准度和规范度不够，缺乏制度化的全过程监控体系。（10）参加社会实践的时间、地点、次数有限。目前已经形成了短学期和暑假的社会实践格局，但是次数每年一次，且寒假社会实践的机会较少，供学生可选择的时间、地点和次数均受限。

（五）实践育人长效机制尚未建立

高校学生的实践育人是项系统工程，需要学校各部门的共同参与和支持。目前在实践教学过程中，如何解决学生的出行安全问题，如何有效推进经费的机制化运作，思想政治理论实践教学如何与校团委组织的暑期社会实践进行有效的整合和对接，如何建立有效制度保证指导老师持续性指导等，这些都是我们面临的问题。建议建立实践育人的综合平台，统筹规划思想政治理论课课堂教学和日常学生工作以及实践育人工作,实现宣传部、人事处、教务处、研究生院、学生处、校团委和马克思主义学院齐抓共管的良好局面,提高高校实践育人的系统性、有效性。另外,值得考虑的是,在这种部门协调的背景下,实践教学工作量也必然会随之增加,比如实践教学环节日常管理、制度规范与完善、教学质量监督与检查、实践教学改革与研究等都需要设置专门岗位,由此带来的人员配置成为实践教学的薄弱环节,除了学校职能部门与马克思主义学院有专人负责,绝大部分学院并没有专门针对暑期实践教学的管理人员,而是经常变动协调联络人,导致各学院无论在实践基地建设还是在实践教学计划安排上都显得被动应付。

第四节 对策建议与未来展望

新时代,我们正在继续深入地探索思想政治理论课"三位一体"教学模式,其改革成效逐步显现。为了实现教学水平的整体提升和"三位一体"教学模式的高质量发展,我们还需立足本职工作,提高政治站位,主动担当作为,时刻站在时代潮流中摸透思政育人的基本规律,不断满足党和人民期待,不断适应学生成长要求,补短板、强弱项,有效处理专题、网络、实践三个维度出现的复杂难题。展望未来,"三位一体"教学模式将会不断推陈出新、自我完善,为思政课提供源源不断的新鲜活力。

一、专题教学的对策建议

(一)注重专题设计的问题导向

专题教学内容设计要以教材为根本,以最新版教材为导向,突出针对性。"毛泽东思想和中国特色社会主义理论体系概论"课老师重点要学习党的二十大、党的十九大以及十九届历次全会精神,结合习近平法治思想、习近平文化思想，增强用党的创新理论铸魂育人、培养时代新人的自觉性。① 做到紧扣教材大纲，把握学科和教材内容的系统性，突出问题导向，针对学生关注的热点疑点问题，聚焦重大理论和现实问题，满足学生成长需要。专题内容尽量做到"活""深""透"，结合"00后"大学生的认知习惯、思维方式、思想行为特点和教育教学规律，把新融入的新时代十年来最新成就和贴近大学生的案例充分运用到实际教学中，做到讲"活"。另外，充分结合新时代大学生的成长需求和接受特点，攻关教材讲解中的重难点问题，在理论说服上下功夫，做到讲"深"讲"透"。② 每节专题的问题意识要突出。教师备课时候可以列出大问题、小问题，最好是开放型问题，并能够在课堂上引出问题，触发学生思考。问题意识是决定科研能力的头等要事，也是决定教学能力优劣的评判基础，为了突出专题教学的问题意识，以问题为导向，教学团队需要定期或者不定期地对课前课后进行研讨统筹和总结反馈，就专题讲授内容的逻辑串联以及学生讨论课进行协同设计，发挥教研室的专家合力作用，采用头脑风暴法进行教学改革方案的创新。每次课后都要及时记录课堂反馈效果，由助教统一汇总到各个教研室专家手中，寻找授课过程的不足之处并及时填补漏洞，回应同学们关注的时政热点话题。教师有针对性地因材施教，把握学生成长成才规律，使他们在思想政治理论课净化灵魂、滋养心灵的过程中找到人生方向，做学生们的指路明灯。"活""深""透"课程设计不是一蹴而就的，更不会轻易从天上掉下来，须知"打铁必须自身硬"，教师队伍的锻造本身也是其根本保证。为此，马克思主义学院领导层应当做足后勤保障，在发挥"三全育人"的基础上，推进专题教学在高校思想政治理论课中有序实施，学院领导层需要具备高水平协调能力，精准调配人力物力资源，积极鼓励教师互动研讨和创新创造，根据专题教学的需要配齐现代化设备，深入实施"头雁领航"工程，打造教研室梯队带头人，将教学热情、教学渴望、教学气氛和教学积极性立体调动起来。

---

① 秦宣.《毛泽东思想和中国特色社会主义理论体系概论（2023年版）》修订说明和教学建议[J].思想理论教育导刊，2023（3）：10-16.

② 沈壮海，邢国忠，谢玉进.《思想道德与法治（2023年版）》修订说明和教学建议[J].思想理论教育导刊，2023（3）：25-30.

（二）专题教学内容应当突出教学知识的系统性与整体性

完整准确系统地理解教材体系，全面回应课本所要传达的知识内容是专题教学的理想境界。在教学过程中，为了保证教学内容的完整性和系统连贯性，要克服以下情况：一是课程安排比较分散。每周排布的思想政治理论课程具有2～3天间隔期，就会使得学生对专题教学的上下内容无法顺畅衔接，特别是某一个专题无法在一次课内讲完时，这就需要安排额外的时间进行补课。二是校外专家进课堂的不确定性。当校外专家来校授课的计划突然发生变更时，就只能临时安排下一个专题教师来顶替，打乱了既定思想政治理论课的教学设计顺序。三是专题教学内容瞄不准课本的关键信息。教材是上好思想政治理论课的重要载体，无论教学方法和教学手段怎么变，培养青年学生的知识、能力、价值是不变的。化解以上这些问题需要从源头上加强专题教学的系统性构造。在专题课时安排上灵活分配和动态调整授课进度，比如有的专题部分知识内容比较多，相应的课时就应当安排得充分些，有的单元内容在一节课内就会把全部内容讲完，就把时间分配得少一些，反对"一刀切"地将课时板块平均划分。关于教学知识的整体性方面，在校内外专家助力课堂时，尤其是邀请校外不同行业领域的专家时，他们的讲授往往不会对课本知识面面俱到，有时甚至不完全对应。因此，班级的负责教师发现专家的讲授与课程内容不尽相同时，可以当堂作出补充，这样就可以理论联系实际增强学生理解。为了做到这些，教师要紧跟时代前沿，将互动式讨论引入教学，激发学生兴趣，把时事政治和重大理论热点问题与学生的所思所想相结合，努力寻求思想政治理论课教学内容与学生思想问题的衔接点，切实把握好专题教学的问题导向。

（三）注重以科研反哺教学

提升教师教学研究水平，做好专题教学。要通过科学研究，以科研支撑教学，促进教学内涵式发展。针对"教学研究有待加强，需采取措施推动更多老师积极开展教学研究"的问题，教研部要鼓励老师加强教学研究，申报教学改革项目，动员骨干教师牵头申报院级教改项目，将教学与科研更紧密地结合起来，不断提升思想政治理论课的教学质量。要让学生把所学内容搞清搞透，必然要求教师先把问题搞清楚、搞透彻。因此，思想政治理论课教师要加强以下研究：一是要研究教材，掌握教材的主要内容和逻辑结构，为重构教学体系奠定基础；二是加强对教学中涉及的重点难点疑点问题的研究，包括我们在前面提到的诸多热点难点问题，还包括教学过程中学生提出和关注的热点难点问题；三是加强对青年学生的研究，重点研究"00后"大学生的思想状况和接受心理等。① 习近平总书记指出："思政课的本质是讲道理，要注重方式方法，把道理讲深、讲透、讲活，老师要用心教，学生要用心悟，达到沟通心灵、启智润心、激扬斗志。"② 这一精辟论述深刻揭示了思想政治理论课教育教学的本质和规律，是我们修订教材的指导方针，也是吃透教材、搞好教学的指导方针。比如"马克思主义基本原理"课思想性理论性强，是典型的大道理，突出体现着思想政治理论课"讲道理"的本质。③ 可以预见，没有扎实的科研功底，是讲不透高层次的国家级教材和深刻理论的，因而思想政治理论课教师只有下功夫认真研读党和国家一系列有关重要文献特别是习近平总书记重要讲话及相关著作文献，认真钻研深耕某个擅长领域，才能触发课堂教学的思想火花，高质量完成立德树人根本任务。

要通过集体备课，认真研究教材，重构教学体系。教师不能简单地沿用以往的教学体系，而应组织任课教师开展集体研讨，遵循教学规律，根据不同类型学校教学课时安排，重构教学体系。在重构教学体系过程中，一要注意新修订教材的新增知识点，注意教材内容的全面性、系统性、完整性，防止出现教学内容的遗漏；二要注意教材中的重点，要对一些重点内容作必要的展开，将重点问题讲深讲透；三要注意青年学生思想中存在的疑点和理论困惑，强化问题意识，加强针对性，把学生关注的一些疑难问题讲明白；四要注意与其他思想政治理论课教材内容的衔接与贯穿。

---

① 秦宣.《毛泽东思想和中国特色社会主义理论体系概论（2023年版）》修订说明和教学建议[J].思想理论教育导刊，2023（3）：10-16.

② 坚持党的领导传承红色基因扎根中国大地 走出一条建设中国特色世界一流大学新路[N].人民日报，2022-04-26（1）.

③ 刘建军.《马克思主义基本原理（2023年版）》修订说明和教学建议[J].思想理论教育导刊，2023（3）：4-9.

(四）做好组织管理，严格实施专题教学

马克思主义学院和教研部及教学团队对教师授课内容进行指导，实行专题组集体备课，特别注意教材内容与教学内容的覆盖、结合和深化，在集体讨论的过程中，教案互评，确定每个专题讲授的基本要点。具体做法是，认真召开学期末和学期初的集体备课会。学期末的集体备课会上，总结一学期专题教学的经验教训，共同讨论下一学期专题教学的相关问题，并根据学校、学院对新学期的工作部署，具体细化落实新学期的教学计划。学期初的集体备课，主要是对本学期的教学进行经验总结和交流，梳理存在的问题，并对下学期的教学工作进行规划和预安排。教研部可以对教师教案和课件进行审查，若发现有问题，如有些案例材料陈旧等，要求有关教师修改教案和课件。同时落实教研部主任听课制度和教研部老师互相听课的制度，以相互督促，共同提高。加强课堂管理，由于不同专题由不同教师授课，带班老师应做好每一周课堂考勤工作的衔接，统一考勤扣分标准，考勤扣分按实际出勤情况，无上限。与此同时，高校思想政治理论课教师在开发专题教学新内容时树牢立德树人根本任务的导向，将政治要求与思想政治理论学科有机融合起来，发挥好思想政治理论课培育堪当民族复兴大任的时代新人作用。整合行业领域资源，建立交叉型的教师队伍。把涉及专业的问题交给相关领域专家来解答，学科交叉型的师资团队不仅能够使教师在自己擅长的领域发挥所长，而且能够真正地打破行业和学科壁垒，开阔学生时政与科学视野，促进不同学科思维能力的拓展。

（五）完善绩效考核机制与专题教学评价体系

完善绩效评价体系是促进专题教学改革的关键步骤，教师教学成效的评价不仅可以通过学生评价平台进行反馈，也可以通过学生考试成绩进行书面反馈。"一考定绩效"的考核评价方式显然不符合新时代对思想政治理论课教学的新要求，要注重建设以立德树人为核心的教学评价体系，构建客观公正的考核反馈机制。完善科学的生成性评价方案，注重整个教学过程和学生的全面发展，摒弃功利化思维。为了完善绩效考核机制，学校应定期组织教师培训，求教于教学一线的教师，因为他们能够及时掌握学生思维动向和能力

水平。应当紧紧围绕科研成果转化、教学总体设计、课堂教学技能、实践带队能力、现代互联网技术水平等诸多方面，组织培训，引导教师紧跟时代前沿，掌握最恰当的教学方式，提高自身能力。马克思主义学院要多措并举地开展理论学习、实践调研、参观考察、集体磨课、教学大赛、专家讲座、教师沙龙等，结合学校的实际情况以及思想政治理论课要求，建立系统性的绩效考核评价体系，造就一支高素质思想政治课教师队伍。

要特别注意到，政治性考核也是关键的评价标准。由于思想政治理论课是思辨性、时政性、综合性、实践性很强的系列课程，教师有责任筑牢意识形态阵地，培养学生良好的道德品质，提高学生政治觉悟，引导学生用马克思主义最新理论成果武装头脑。要基于教材内容并高于教材内容，考试的题目设计尽可能根据专题教学而定，采用多样化的考核方式考查学生的价值观认同、知识素养、创新思维、调研能力，鼓励学生掌握课本知识的同时注重综合素质的提升。应把学生的学习效果纳入评价标准，有助于专题教学的深层次推进。

二、网络教学的对策建议

为实现思想政治理论课网络教学的有序开展，必须做到以下几个方面：一是优化网络教学综合平台；二是实现网络课程教学评价考核制度化；三是丰富网络课程教学内容，使思想政治理论课网络课程教学真正为学生所接受并喜爱。

（一）优化网络课程教学综合平台

高校网络教学平台的建设应以教学资源为支撑、以教学主体为主导、以教学客体为主体、以信息化建设为核心。与此同时，思想政治理论课的网络教学环节对数据系统有着较高要求，配备性能稳定、安全可靠的服务器和加载平台尤为重要，网络教学平台需要对学生的上网自测、网课自学、师生研讨等环节作出定性分析与数据反馈，这也需要优化高校网络传输速率。高校应当在购置大型电子设备的基础上，开发云端智库，定期邀请国内著名专家学者做客"空中课堂"，还可以引进虚拟VR、全息投影、元宇宙等科技形式，让每个学生有机会根据自己的兴趣选择实景沉浸式体验。另外,微电影、短视频和网络剧是当下年轻人热爱的文化传媒形式,思想政治理论课可以引导学生自主拍摄制作出演相关剧情,以活生生的剧情形式引导课程入脑入心入耳。

优化网络教学综合平台是"三位一体"教学改革的重要工程,为此需要招募懂技术的专业人才,注重提升思想政治理论课教师及其助教的网络平台应用能力。由于网络教学平台面向的是全校学生,为了避免学生测试时出现系统崩溃的情况,影响学生的在线测试,减少老师和助教的工作量,必须提高网络技术水平。增强网络教学平台的板块设计,让思想政治理论课的网络教学平台不再局限于单调的网页和文字。此外,对于网络教学的相关技术人员,学校要定期对其进行技术培训,请优秀技术人员指导网络教学平台建设。在得到学院领导支持、物质保障充足的条件下,可以打造一支既有计算机网络技术又有教育信息技术的实践经验丰富的教师队伍。

(二)丰富网络课程教学形式

随着网络课程教学的发展,MOOC 式教学、SPOC 式教学、翻转课堂、博客、ChatGPT 等现代化的教学形式也日益流行。交互性与及时性是网络教学的主要特征,师生在教学课堂之外,可以利用网络交流解答书本知识以外的心理困惑,形成亲密的师生关系。线上留言还可以采取匿名的方式,保证学生的个人隐私,在平等交流中巩固专题教学的吸收质量和线上学习的真实效果。网络教学还具有另一个优势,那就是教师可以在线上为学生提供可视化的思维导图与逻辑结构图表,便于每个学生熟悉本门思想政治理论课的知识脉络,明确自己需要掌握的思维框架,清晰的网络教学资源还能永久收藏,便于日后复习与理解。模块化的网络课程是对纸质版教材的有益补充,教师的专业梳理是学生活学活用书本理论的有力支撑,这种创新模式还可以通过建立班级讨论群进行思维拓展,让学生自己勾勒思维导图,教师予以线上点评,学生自觉对照网络上的资料和书本上的知识,检验自己的学习掌握效果。可以说,积极实行点对点、点对面的网络教学,是大数据时代思想政治理论课紧跟时代脉搏的创新,有助于筑牢互联网意识形态阵地,传播正确的信息资源,弘扬互联网文明的正能量,解决学生成长中的烦恼,促进学生的全面发展。另外,学校可以专门开设思想政治理论课日常打卡与学习型网站,督促学生自觉树立优秀的政治理论素养,成为对社会有用之才。

21世纪"大学生的学习方式也日趋多样,数字学习、网络学习、移动学习等已悄悄地进入大学生的学习和生活之中。大学生日常使用的微博、微信等既是社交工具,其实也是很好的网络教学平台的工具"[①]。比如,可以将微博、微信等内容嵌套到网络教学平台,充分发挥自媒体在网络教学平台中的作用,对大学生在非正式学习中进行隐形的思想政治教育。为了给学生提供一套完整的立体学习平台,要根据不同课程的教学定位,挖掘前沿专题讲座的育人内核,在既有正确的价值导向不变的基础上,为学生在线提供交流互动和讨论出彩的机会,吸收大量的信息咨询,方便学生查询到各种史料。网络教学真正要做到从学生的实际情况出发,保证学生能够自由地根据自己喜好选择浏览,使得思想政治教育的潜移默化的作用和润物细无声的效果更为突显。

(三)建立数据库

大数据是"当今社会所独有的一种新型能力:以一种前所未有的方式,通过对海量数据进行分析,获得有巨大价值的产品和服务,或深刻的洞见"[②]。在大数据背景下,建立数据库不仅可以满足学生和教师的基本需求,还可以为学生、教学及技术管理人员提供更多有价值的信息,使得新时代下及时了解跟踪学生信息成为可能。建立大数据库,可以实时地、有效地记录学生的学习信息、老师和学生的互动、学生之间的互动等行为表现,从而分析学生的思考习惯、思维模式,真正了解学生的个性化需求,弥补思想政治理论课教学过程中的不足,真正做到"因材施教"。

网络教学为思想政治教育提供了一个新兴媒介,对于师生双向信息交流、课堂实时反馈、占领意识形态主阵地起到了良好的先锋带头作用。为此就要不断研究新时代网络背景下的新情况、净化互联网生态空间,总结既有的育人经验,发现网络教学与学生成长成才规律。建立大数据库,可以使得教学技术管理人员依据大数据及时评估教师的教学水平、学生掌握知识的难易程

---

① 陶磊,张国顺."基础"课程网络教学平台的教学逻辑与建设路径[J].学校党建与思想教育,2017(24):13-15.

② 维克托·迈尔-舍恩伯格,肯尼思·库克耶.大数据时代:生活、工作与思维的大变革[M].盛杨燕,周涛,译.杭州:浙江人民出版社,2013:4.

度、哪些课程易受学生喜欢等。经过系统性、综合性的考量，教师能够作出恰当的教学决策，从而摸索出一条有助于提高学生学习能力、提高网络平台利用效率的有效途径。

（四）实现网络课程教学评价考核制度化

为了更好地发挥网络课程教学平台的作用，须注重优化网络课程教学的考核和监督评价，并将其制度化。网络课程教学评价考核是检验学生网络学习的手段和方式。良好的评价考核机制有利于提高思想政治理论课的实效性。但是，当前大部分学校的网络课程教学考核是比较随意的，并且考核内容也不尽合理。要实现网络课程教学评价考核制度化，需要老师和学生的双向考核。在学生方面，要合理分配网络课程部分间的占比，实现学生考核的最优化。合理的考核要求占比无疑会对学生进行在线测试学习起到很好的激励和促进作用。在教师方面，网络教学平台要就师生之间的答疑讨论模块进行系统的分析，用于考核教师，这有利于增强教师的信息素养，实现师生之间的良性互动。

网络教学平台通过对教师教学效果和学生学习效果的评价，进一步推动了网络教学评价体系的改革，尽管实施评价过程比较复杂，受制于多种因素，但也使得网络教学评价体系不断系统化、科学化和制度化。在思政教育过程中，利用网络资源与思想政治有效结合，可以考核教学成果，通过开学初问卷调查的方式，了解学生对新课程的期待与需求，同时可以让学生写出对新教师的期待，这样师生间由双向陌生的面孔转为双向奔赴。期中考察问卷也可以了解学生接受教师的观念和思想的程度。教师在日常工作过程中应该始终参考学生的课堂反馈、在线反馈等信息，通过利用各种网络工具，提升教学过程中的调适力与亲和力。这样网络教学就能及时了解到学生在思想和行为方面的变化，从而能够尊重和理解学生的思想，保证教师在教学过程中因材施教、因需授教，采取针对性的对策，为学生提供个性化的服务和思想指导。同时通过制度化科学化的评价机制，能够帮助教师发现自身的问题与不足，进一步利用好网络教学平台。

三、实践教学的对策建议

（一）注重顶层设计，做到校内统筹与校外实施相结合

学校层面要增加实践教学的主管部门统筹力度，加强实践教学人才队伍建设，加大对暑期社会实践、短学期调研等项目的资金投入，鼓励有科研成果的实践课题转化为咨政方案，服务社会发展需求。学校基层单位和各个二级学院应当由专人负责实践教学对接任务，专岗指定社会调研与实践教学验收人员，引进校外指导专家和高层次人才，配齐专业教学管理队伍，充实马克思主义学院实践教学所需要的各方面岗位和待遇等，构建具有本校特色的应用能力培养方案及管理体系。学校的教务管理部门可以采用整合资源的方式招募全校高年级学生作为思想政治理论课助教，点对点地服务于思想政治理论课"三位一体"教学改革，明确助教的岗位职责与薪酬待遇，为科研和行政事务繁重的思想政治理论课教师分担额外压力，让助教参与到思想政治理论课讨论、小组展示评价与期末阅卷评分中来，能够大幅提高思想政治理论课教师的授课效率。积极倡导教师支部访企业、下基层、进社区、访村落等，为青年教师提供实践教学锻炼平台，完善"双师型"教师（既具备"理论型"素质特点又具备社会服务等"技能型"素质的复合型人才）配备，打造一支师德过硬，实践能力强，负责任、敢担当的师资队伍。在全校本科思想政治理论课的教学目标、培养方案、考评办法中坚持定量评价与定性考核评价相结合，真正强化实践教学的育人导向和能力培养作用。

（二）整合实践教学课题，以项目制推进社会调查类的实践教学

可结合"大创""互联网+"等重要赛事项目设计系列调研课题，以便于长期跟踪与观察。可在全校范围内征集课题，通过论证、竞争与筛选，确定具有重大理论和实践意义的选题，引导、组织学生参与其中。思想政治理论课教师也可根据自己的研究特长，有组织地提出重点课题，还要从不同角度、不同侧面推进实践教学中的社会调查工作，以达到实践育人之目的。为推进实践教学环节的贯彻执行，可考虑与学院建设和学校发展相结合，建立学院

学校社会实践建议箱、献爱心活动加油站,争取优秀论文发表以提升实践教学成果的效应。加强对既有调研成果和课题结项资料的收集和保管,力争以出版或发表的形式加以公开,可以起到以老带新的传帮带作用,让新生组建实践团队时有所依据,并为全国思想政治理论课实践教学成果交流提供参考蓝本。实践教学的目的还要回应基础知识结构的搭建,项目主题应紧靠教学大纲和考试大纲,选取最切合命题思路的知识模块进行组建。实践教学要做到既有利于学生发挥主动参与性,又有利于学生的自主学习。比如在田野调查中,学生可扬长避短,充分发挥自己的特长,体现自己的创造性,使实践成果具有鲜明的个性和风格。

(三)加强任课教师对思想政治理论课实践环节的全程指导

从实践项目的选题到调研访谈的主题,从课题申报书的设计到具体实践内容的实施,任课教师都要进行全过程、全方位的点评指导,有助于促进师生对社会实践项目的整体把握和开展。为此,应当不断提升教师的科研能力,特别是社会调查的专业能力和指导能力。

(四)实施全员安全教育

对参与社会实践的师生,一要进行安全自救知识的普及教育。二要提供基本的急救培训。三要制定安全指导手册,对带队教师更要强化安全意识,要做好行前教育。四要安全保障法律化、规范化,外出实践时,必须让师生及家长签订与安全相关的经济和法律责任书。带队教师在带队期间要做到逢出必点、每天一报。有必要在实践教学过程中做好分工,将思想政治理论课教师、后勤服务人员、助教和学生进行分组精细化管理,在思想上重视实践教学的价值和意义,在行动上保证出行人员的绝对安全。

(五)积极建立有效的监督评价机制

全程跟踪老师的指导工作并着力落实老师的工作量,明确实践教学按照工作投入的比重核算相应的标准,思想政治理论课教师在组织实践教学时所付出的工作量可参照教师指导本科生毕业论文的工作量计算。建构校级以及院级两层监管的教学质量监督体系,制定较为详尽的师德师风行为规范和"三位一体"教学改革实施细则,加大对思想政治理论课实践教学环节的支持力度,不断细化田野调研和社会实践的教学实施步骤,从而为"三位一体"教学模式监督检查和评价提供相应的标准。

四、"三位一体"教学模式未来建设的思考和展望

2016年12月,习近平总书记在全国高校思想政治工作会议上强调:"思想政治理论课要坚持在改进中加强,提升思想政治教育亲和力和针对性,满足学生成长发展需求和期待。"[①] 厦门大学思想政治理论课课程以学科建设为依托,以科学研究为支撑,以问题为导向进行专题化改革,辅之以网络教学、实践教学,逐渐形成了"课堂(专题)教学+网络教学+实践教学""三位一体"改革创新模式。就目前的运行来说,改革取得了一定成效。但从学生、教师和教学管理部门的调研中我们也发现,这项改革还有许多问题亟待解决。具体表现为以下方面:正确处理专题教学素材与教材知识的关系;优化形成重视思想政治理论课学习的氛围;改变单一的纯理论教学方式,做到与社会实践相结合;调整教学内容,理论联系实际等。"三位一体"教学模式的三个方面也需要用一定的逻辑关联进行设计,做好后一个环节对前一个环节的无缝衔接,针对"三位一体"教学模式的突出问题,提出更为完善的改进措施。

(一)完善制度设计,系统推进"三位一体"教学模式

注重问题导向,有效衔接网络教学、专题教学和实践教学环节。在传统教学惯性的影响下,教师们比较注重课堂专题教学部分,容易忽视网络教学、实践教学对专题教学的作用,对三者之间的关系认识不清,把握不准,造成专题教学效果不能有效发挥。对此一定要注重顶层设计、整体设计并实施思想政治理论课教学改革。通过教学研讨、集体备课、媒体介绍等方式,广大师生知晓思想政治理论课整体改革思路,处理好专题教学与网络教学和实践教学的关系。一方面,要站好课堂主阵地,讲好专题,好好发挥专题教学在思想政治理论课教育教学中的核心作用,另一方面,要真正使网络教学服务

---

① 把思想政治工作贯穿教育教学全过程 开创我国高等教育事业发展新局面[N].人民日报,2016-12-09(1).

于专题教学，实践教学深化专题教学，充分利用网络平台和课堂互动讨论，聚焦和研究学生存疑的问题，同时结合师生实践深化问题理解。要求教师苦练内功，以深厚的科研底蕴支撑课堂专题教学，切实深入实践，注重调查研究，解决中国问题，真正增强思想政治理论课的影响力和说服力，使三者有机整合起来，相辅相成、相得益彰。

（二）增强师生互动，探索课题组研究的专题教学模式

着力培育学生骨干、理论社团和教师教学方法创新团队，探索问题导向课题组研究专题教学的有效方法。以"学科（课程）带头人＋学生骨干（理论社团负责人）＋创新团队"为团队组织模式，合力推进专题教学活动开展。针对思想政治理论课课程的不同特点，整体设计专题教学，形成一个立体化科学合理的专题教学体系。根据每门课程的教学大纲要求，在深入剖析教材内容和重点、难点的基础上，结合对学生所关注的热点问题和困惑点的分析研究，对教学内容加以提炼，形成具有针对性的、系统化的教学专题，构成课堂教学内容的基本框架，做到教材体系向教学体系的转化。注重教学实效，形成特色鲜明的专题教学成果。结合学校和师生实际，因材施教，不断丰富专题教学资源库，建设资源共建共享平台，形成具有特色的教学教法集合库。加强与全国其他高校思想政治理论课同仁的研讨交流与合作，提升教学教法研究成果质量，扩大教学成果在全国范围的影响力。

（三）加强网络平台增量扩容，促进教学信息共享

网络平台在"三位一体"教学改革中是重要的一极，因为互联网具有交互性与共享性，能够帮助思想政治理论课教师把高质量的思想政治理论信息及时地传递给学生，所以网络平台本身的增量扩容显得尤为重要，应当尽量避免学期初和学期末访问流量过大导致的系统崩溃现象，保证高峰期和日常的信息及时快速地输出，节省师生时间。网络普及带来信息大爆炸，网上充斥着各种非主流思想，这些思想对大学生的价值观难免带来负面影响，思想政治理论课教师有责任有必要教会学生对不良思想进行甄别并远离，大学生一旦沉迷于不良的网络环境中，不仅会降低思想政治理论课的课堂教学效果，而且会影响学生本人的未来前途与成长成才。为了进一步推进网络教学技能

的提质增效，教师应当定期参加网络平台培训，由专业的计算机工程师现场教学赋能，推进任课教师对于网络平台愿意用、想使用、能用好。针对个别老教师对信息共享的认识程度较低，坚持传统的教学方式不愿放弃，对于先进的网络功能存在排斥心理等因素，这就需要学院班子和教研室领导利用自身的教学定位与网络教学经验进行精准劝导，分析网络教学的优势，发挥互联网的育人功能，激励广大老教师同步推进"三位一体"的教学进度。另外，在网络平台上，还可以进行师生匿名跨班级的互动，其中注意网络安全、保护个人隐私是最关键的。网络是联通世界的工具，网络安全重于泰山。

（四）注重实践教学，做到理论与实践相结合

新时代，我国高等教育思想政治理论课教学迎来前所未有的发展机遇，实践教学作为大学生社会实践的重要内容，为思政育人创造出多元化的线下教学体系，充分地调动了学生的学习积极性。书本知识与现场感悟的结合将帮助学生学懂弄通悟透原文，学会用原理，线下实践场所不限于革命纪念馆、博物馆、科技馆等展示场所，还可以利用多媒体设备将相关的文件、影像以及新闻资料进行情境再现，加强学生对于相关事件的认知，引导大学生加强对党史、新中国史、改革开放史、社会主义发展史、中华文明史的理解和认同，提升其自主学习的积极性。教师通过实践媒介，以建立小组合作分工等方式加强学生的沟通交流，拉近师生距离，对学生课堂上不理解或者理解不够透彻的问题进行现场疏导解决，实现理论与实践的辩证互动。社会实践与调查可以让学生实地获取一手调研资料和访谈材料，真正做到理论与实践的有机结合，通过对资料的消化利用，可以切实促进学生对整条知识脉络的理解，坚定青年大学生的道路自信、理论自信、制度自信、文化自信。

（五）打造一批高质量高层次的思想政治理论课教师队伍

高校思想政治理论课是一项系统的育人工程，随着国家对思政育人的高度重视以及对马克思主义理论一级学科的关注发展，全国各大高校均设置了马克思主义学院，马克思主义理论专业的博士研究生培养体系更趋健全。近年来，各大高校纷纷加大了思想政治理论课人才引进力度，将优秀的高层次人才吸引充实到思想政治课教师队伍当中。"三位一体"教学改革也有必要在人才培养、

人才招聘以及师资培训环节中进行铺展，做到新型教学方法的普及和推广。在人才培养方面，加强科研人才的实践成果转化，引导项目课题的申报与实践调研相衔接，为专题教学和实践教学打下基础；在人才招聘方面，适当放宽招聘的年龄年限，对长期在实践教学一线的科研教育者进行评聘，引入专门性教学能手和教学改革专家；在师资培训环节，增加网络教学平台使用的培训，训练思想政治理论课教师的互联网授课技能，适当模拟线上课堂的情景加以评聘考核等。此外，还要留得住青年人才，提高思想政治理论课教师整体待遇，建构良性的职称评聘上升机制，让高素质科研人才和教学能手免除后顾之忧。形成鼓励科研创新以及教学改革的开放环境，减轻教师正常工作以外的负担，使得专家学者从繁杂的行政事务中脱离出来，让教师的精力花在教学与研究上，把教师的时间还给教育本身。集中精力打造金课和进行知识生产。要处理好推广"三位一体"教学模式与留住人才吸引人才的关系，保证教学评价公平公正，留足用于特色教学的补贴，防止改革实施过程中的教条化、形式化、功利化，为了模式而模式，导致不必要的人才流失或人才敬而远之。

（六）促进"三位一体"教学改革与新时代课程思政的有机融合

新时代课程思政的核心在于立德树人，这同"三位一体"教学改革的中心任务是一致的。课程思政重点聚焦不同专业课程的思想政治元素，将科学家精神和家国情怀融入各门学科的授课目标当中，主要形式是通过课堂知识的传授引导学生自觉践行社会主义核心价值观，提升道德素养，通过德智体美劳五育并举的方式，丰富学生的精神世界，通过融合不同学科的专业特点，将中国特色社会主义共同信念和中华民族伟大复兴的中国梦熔铸到学生心目中，从而坚定新时代青年的理想信念，贯穿爱党、爱国、爱社会主义、爱人民、爱集体的主责主线。"三位一体"教学改革虽然是思想政治理论课改革的重要创新，但是同样为课程思政建设起到了打基础、固根本、稳基石的作用。只有树立大思政理念，挖掘各学科所承载的思想政治教育功能，配合课程育人的主要环节，达到知识传授与思想政治教育的有机结合，才能推动建立思想政治理论课程、通识教育课程、专业教育课程合力育人的新体系。教学改革与课程思政有机融合，必须以习近平新时代中国特色社会主义思想为指导，全面贯彻党的教育方针，把思想政治教育贯穿人才培养全过程，坚持把"育人"作为教育的生命,把"立德"作为教育的灵魂,把正确价值引领、共同理想信念塑造作为社会主义大学课堂的鲜亮底色。在高校全面推进课程思政建设并深化"三位一体"教学改革,有助于深入挖掘各类课程和教学方式中蕴含的思想政治教育资源,真正做到各类各门课程都要"守好一段渠,种好责任田",始终同向同行,形成协同效应。

正如习近平总书记所言:"很多学校在思政课上积极采用案例式教学、探究式教学、体验式教学、互动式教学、专题式教学、分众式教学等,运用现代信息技术等手段建设智慧课堂等,取得了积极成效。"[①]厦门大学思想政治理论课"三位一体"教学模式改革是新时代思想政治理论课改革创新进程中一个缩影,全国思想政治理论课教学改革大有可为。思想政治理论课教师要牢记为党育人为国育才的使命担当,不断推进新时代新征程高校思想政治理论课教学改革结出更为丰硕的果实。

---

① 习近平.思政课是落实立德树人根本任务的关键课程[J].求是,2020(17).

附录1　厦门大学思想政治理论课实践报告写作要求与规范

调查报告是人们对某一情况、事件、经验或问题经过深入细致的调查研究而写成的书面报告，它反映了人们通过调查研究找出某些事物的规律，并提出相应的措施和建议，是社会调查实践活动的成果。

一、调查报告的种类

第一，情况调查报告，即比较系统地反映某一对象基本情况的一种调查报告，这种调查报告通常是为了弄清情况，供决策者使用。

第二，问题调查报告，即针对某一方面的问题，进行专项调查，弄清事实真相，判明问题的原因和性质，确定造成的影响，并提出解决问题的途径和建议，为有关方面提供参考和借鉴的一种调查报告。

第三，典型经验调查报告，即通过分析典型事例，总结出经验，从而指导和推动某方面工作的一种调查报告。

二、调查报告写作的一般程序

（一）确定主题

主题是调查报告的灵魂，对调查报告写作的成败具有决定性的意义。之前给各小组确定的主题只是一个调查主题，并不是报告的最终主题。因此，要根据调查和分析的结果,重新确定主题,主题宜小和集中,并根据最终确定的报告主题自拟报告的标题,报告的主题应与报告的标题协调一致,以免文题不符。

(二) 选择材料

对经过统计分析与理论分析所得到的系统的完整的调查资料,在组织调查报告时仍需精心选择,不可能也不必都写进报告,要注意取舍。(1)选取与主题有关的材料,去掉无关的、关系不大的、次要的、非本质的材料,以使主题集中、鲜明、突出。(2)注意材料点与面的结合,材料不仅要支持报告中某个观点,而且要相互支持,形成面上的"大气"。(3)在现有有用的材料中,要比较、鉴别、精选材料,选择最好的材料来支持报告的观点。

(三) 拟定提纲

提纲是调查报告的骨架。拟定提纲实际上就是围绕主题,把调查材料进一步分类、构架的过程。拟定提纲要特别注意它的内在逻辑性,要求层次分明,环环相扣。调查报告的提纲一般有两种:一种是观点式提纲,即将在调查研究中形成的观点按逻辑关系一一地列出来。另一种是条目式提纲,即按层次意义表达上的章、节、目,一条条地写成提纲。也可以将这两种提纲形式结合起来进行拟定。

(四) 起草报告

要根据已经确定的主题、选好的材料和写作提纲,撰写调查报告。写作过程中要注意:(1)结构合理(标题、摘要、引言、主体、结语、附录);(2)报告文字规范,具有审美性和可读性;(3)通俗易懂,注意数字、图表、专业名词术语的使用,做到深入浅出,语言具有表现力,准确、鲜明、生动、朴实。

(五) 修改报告

调查报告起草好后,要认真修改。主要是对报告的主题、材料、结构、语言文字和标点符号等进行检查,加以增、删、改、调。在完成这些工作之后,才能定稿上交。

三、调查报告的结构

调查报告的结构没有固定要求。不同目的、内容的调查报告,可以有不同的结构格式。一般来说,调查报告应包括标题、摘要、关键词、目录、引言、正文、结语、附录等几个部分。

(一)标题

标题就是调查报告的题目,由报告内容来决定。标题必须准确揭示调查报告的主题思想,做到题文相符;好的标题能画龙点睛,具有较强的吸引力。

标题的写法一般有两种:单标题或双标题。所谓单标题就是调查报告只有一个标题,一般是通过标题把调查对象和调查内容明确而具体地表现出来。如《大学生婚恋观调查报告》。所谓双标题就是调查报告有两个标题,采用正、副标题形式,一般正标题表达调查主题,副标题用于补充说明调查对象和主要内容。由于这种标题形式优点很多,正标题突出主题,副标题交代形势、背景,有时还可以烘托气氛,二者互相补充,成为调查分析报告中最常用的形式之一。如《大学生道德认知状况的调查——以厦门大学为例》《大学生政治参与意识和行为及其影响因素分析——基于厦门市高校的调查》。

标题常见的形式有三种:(1)"直叙式"标题,即反映调查意向、调查项目或地点的标题,这种标题简明、客观,一般调查报告多采用这种标题,如《大学生心理危机及其干预策略的调查》。(2)"表明观点式"标题,直接阐明作者的观点、看法,或对事物进行判断、评价,如《当代大学生应该从追求"学历"走向追求"学力"》。(3)"提出问题式"标题,即以设问、反问等形式,突出问题的焦点和尖锐性,吸引读者,促使读者思考。如《大学生攀比现象说明了什么》《大学生应该具有什么样的职业观》等。

(二)摘要和关键词

调查报告的摘要主要包括以下内容:(1)简要说明调查目的,即简要说明调查的原因意义。(2)简要介绍调查的对象和调查内容,包括调查时间、地点、对象、范围、调查要点及所要解答的问题。(3) 简要陈述调研结果、结论与建议。(4) 简要介绍调查研究的方法,并说明选用该方法的原因。(5) 其他相关信息说明,如背景信息、样本规模和选择的局限等。此外,通常需列出 3~5 个集中反映报告核心内容的词组,原则上每个词组以不超过 5 个字为宜。

(三)引言

引言即调查报告的前言,简单明了地介绍有关调查的情况,或提出全文的引子,为正文写作做好铺垫。

引言常见的写作形式有:(1) 简介式。对调查的课题、目的、对象或范围、时间地点、经过与方法等调查本身的情况作简明的介绍,从中引出中心问题或基本结论来,使读者先有一个感性认识。(2) 概括式。对调查报告的内容(包括主题、对象、调查内容、调查结果和分析的结论等)作概括的说明,让读者一目了然。(3) 交代式。对课题的由来作简明的介绍和说明,交代调查的目的或动机,以揭示主题。(4) 提问式。提出人们所关注的问题,引导进入主题。

引言部分的写作形式很多,可根据情况适当选择,但不管怎样,应基本围绕这样几个问题:(1) 为什么进行调查;(2) 怎样进行调查;(3) 调查的结论如何。此外,要注意避免与摘要内容过多重复。

(四)正文

正文是调查报告的核心部分,是调查报告的主体,也是对前言的引申展开,它决定着整个调查报告质量的高低和作用的大小。正文部分必须准确阐明全部有关论据,包括问题的提出、引出结论、论证的全部过程、分析研究问题的方法等。

正文部分要论述的重点主要包括:(1) 情况部分。介绍与调查资料有关的背景资料以及通过调查了解到的事实情况,应注重具体事实、统计数据,文字应简明、准确,条理分明,可兼用数字、表格、图示说明。(2) 分析部分。对调查研究所得资料进行质和量的分析(如成因分析、利弊分析、发展规律或趋势分析等),通过分析,得出各种具体认识、观点和基本结论,指出存在的问题。（3）建议部分。在有力的分析下，根据实际情况，提出解决问题的具体的意见和建议。

正文部分的结构形式，主要包括：（1）据逻辑关系安排材料的结构：纵式结构（按照事情发生、发展的先后顺序安排材料，如果是针对某一件事情，通常可采用这种结构方式）、横式结构（根据材料的内容、特点、性质的不同，进行分类处理，如果是针对某类社会现象，通常采用此种结构方式）、纵横式结构（将上述两种方法结合起来，但应确定以某一种结构方式为主，另一种为辅）。（2）按照内容表达的层次构设框架包括："情况—成果—问题—建议"式结构，多用于反映基本情况的调查报告；"问题—原因—意见或建议"式结构，多用于揭露问题的调查报告。

由于论述一般涉及的内容很多，文字较长，可以根据主体部分的结构框架，用概括性或提示性的小标题，突出报告的中心思想。如对于内容丰富、综合性较强的调查报告，在写法上，可以将说明主题的材料分成若干类，每类用小标题即分论点统帅，然后用一定的内在联系的次序排列起来。这样，各小标题之间的关系是并列的，使复杂的事物显得有条不紊。主体无论采取哪种结构方式，都要注意先后有序，主次分明，详略得当，联系紧密，层层深入，更好地表现主题。

正文部分的表述应注意：（1）用事实说话，观点统帅资料，材料支撑观点。（2）要善于运用不同的材料，从比较中说明问题，阐明观点。比如，好的典型和差的典型对比，正面材料同反面材料的对比，历史材料同现实材料的对比，点上情况同面上情况的对比，这样更具说服力。（3）要善于用数字来说明问题，阐明观点，这也叫"数量分析法"。善于运用数字，能表现出很强的概括力和表现力，有的问题或观点，用一个数字或一个百分比往往比很多议论更一目了然。

（五）结语

结语的写法比较多，主要根据报告的实际内容来确定：概括全文，综合说明调查报告的主要观点，进一步深化主题，增强报告的说服力和感染力，对所揭露的问题提出解决的办法、建议，提出问题，引发人们的进一步思考，展望前景，指明方向，从更高的角度、更广阔的背景上来说明调查的实际意义。当然，调查报告也可以没有结语，在主体的建议部分就结束。

（六）附录

附录是对正文报告的补充或更详尽的说明。包括调查问卷、统计工具和统计方法、访谈提纲、调查活动相关照片和图片、数据汇总表、背景材料等。调研报告要求附录部分必须写明本组组长及组员的具体贡献和执笔人。

四、调查报告的内容要求

调查报告内容要求观点正确，数据文献可靠，条理清楚，注重调查研究，强调理论联系实际，能运用相关理论知识对某些现实问题进行剖析，有一定的独立见解和现实意义。报告内容严禁抄袭、剽窃或捏造、伪造，否则，实践成绩为零。

附录2 厦门大学思想政治理论课长学期实践教学基本流程

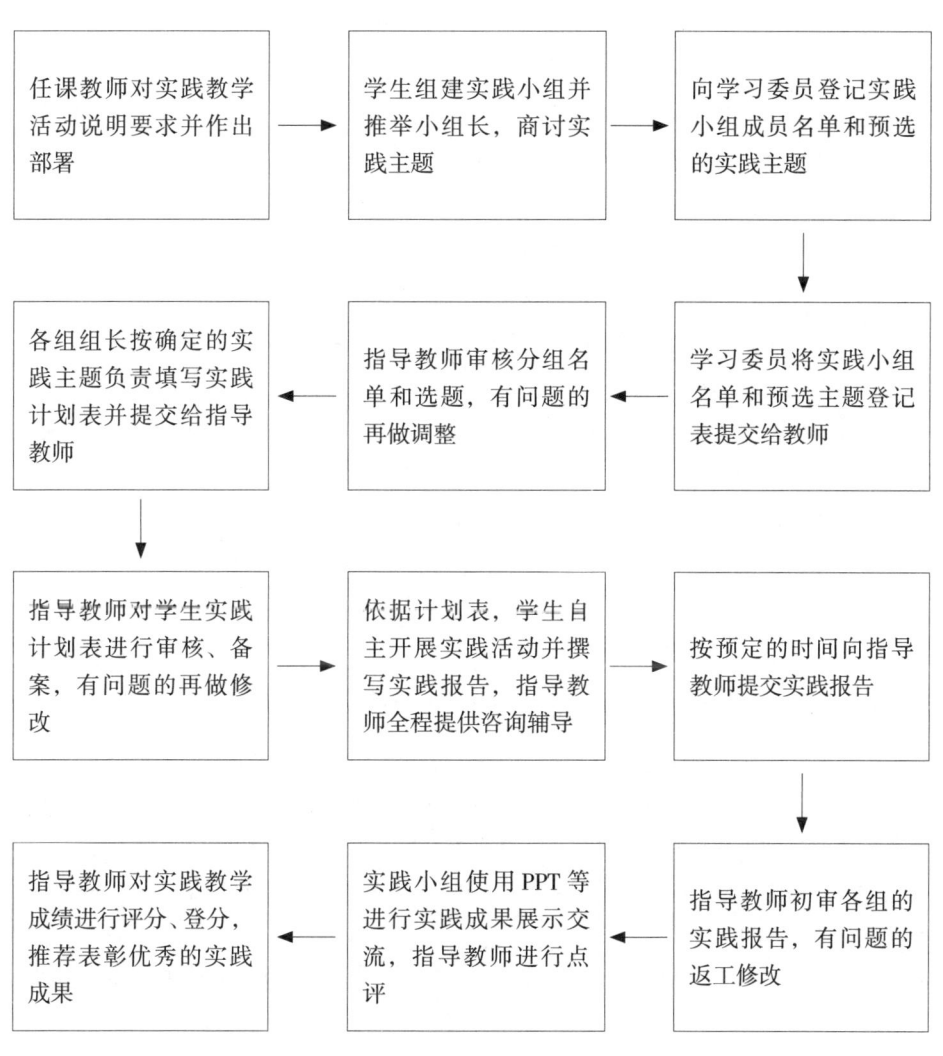

参考文献

马克思恩格斯文集：第 1 卷 [M]. 北京：人民出版社，2009.

马克思恩格斯选集：第 3 卷 [M]. 北京：人民出版社，2012.

毛泽东选集：第 1 卷 [M]. 北京：人民出版社，1991.

邓小平文选：第 3 卷 [M]. 北京：人民出版社，1993.

习近平著作选读：第 2 卷 [M]. 北京：人民出版社，2023.

习近平. 高举中国特色社会主义伟大旗帜 为全面建设社会主义现代化国家而团结奋斗：在中国共产党第二十次全国代表大会上的报告 [M]. 北京：人民出版社，2022.

习近平. 思政课是落实立德树人根本任务的关键课程 [M]. 北京：人民出版社，2020.

冯刚. 改革开放以来高校思想政治教育编年史（1978—2022）[M]. 北京：北京师范大学出版社，2023.

刘建军. 师说：新时代思政课 [M]. 天津：天津人民出版社，2023.

蔡隆. 正能教育：让思政课成为正能量的释放源 [M]. 厦门：厦门大学出版社，2023.

谢伟光. 高校思政课对话式教学法研究 [M]. 北京：社会科学文献出版社，2023.

李安峰. 三重维度：高校思想政治理论课教学改革探索 [M]. 北京：经济管理出版社，2023.

曹媛媛. 马克思主义中国化经典著作融入高校思政课教学研究：以"毛泽东思想和中国特色社会主义理论体系概论"课程为例 [M]. 北京：九州出版社，2023.

《思想政治工作研究》杂志社. 讲好新时代"大思政课"：第一辑 [M]. 北京：人民日报出版社，2023.

朱晓林. 红色体育融入思政课的理论与实践研究 [M]. 南京：南京大学出版社，2023.

蒲清平，高微.新时代高校思政课教学规律研究［M］.北京：人民出版社，2023.

张璐斐.学校—家庭—社会合力高校思政课育人研究［M］.北京：中国社会科学出版社，2022.

唐明燕.思政课教学的中华优秀传统文化资源及应用［M］.上海：复旦大学出版社，2022.

陈晓曦.高校思政课话语自觉研究［M］.北京：人民日报出版社，2022.

李玉杰.高校思想政治理论课"四位一体"立体化实践教学研究［M］.郑州：河南大学出版社，2022.

中华人民共和国学校思想政治理论课重要文献选编［M］.北京：人民出版社，2022.

徐建飞."金课"建设视域下高校思想政治理论课守正创新研究［M］.北京：经济科学出版社，2022.

蒋荣.高校思政课研究型教学：实施路径与效果评估［M］.北京：中国社会科学出版社，2021.

徐菁忆.人工智能时代提升思想政治理论课教学质量的研究［M］.天津：天津大学出版社，2021.

韦主信.情·理教育：思政课堂价值性与知识性相统一［M］.厦门：厦门大学出版社，2021.

詹全友.高校思政课公选课"三分课堂"建构与实践研究［M］.武汉：武汉大学出版社，2021.

凌霞.新时代思政课建设研究［M］.北京：九州出版社，2020.

汪青松，陈宁，等.新中国大中小学思政课程的历史发展［M］.上海：上海社会科学院出版社，2020.

周家亮.铸魂育人 担当使命：做新时代思政课好教师［M］.济南：山东人民出版社，2020.

艾四林.新时代如何办好思想政治理论课［M］.北京：人民出版社，2019.

陈晓云.高校思想政治理论课教师的角色冲突：场域理论视域下的高校思政课教师发展研究［M］.上海：上海三联书店，2019.

中央财经大学马克思主义学院"马克思主义基本原理"教研室.行走的课堂：人与网络［M］.北京：中央民族大学出版社，2018.

王永友.科学思维激活思政课教师教学指导：以研究生"中国特色社会主义理论与实践研究"课为例［M］.北京：高等教育出版社，2018.

段圣玉.高校思想政治理论课分类实践教程[M].2版.南昌：江西人民出版社，2017.

杨慧民，洪晓楠.高校思想政治理论课核心教学案例[M].北京：高等教育出版社，2017.

刘利，潘黔玲.互联网＋视域下思政课教学理论与实践发展研究[M].长春：吉林大学出版社，2017.

李梁，王金伟，等.高校思想政治理论课：教育教学供给侧结构性改革理论研究[M].上海：上海大学出版社，2017.

曲洪波，等.高校思想政治理论课课堂教学与网络在线教学融合研究[M].沈阳：东北大学出版社，2016.

鄢显俊，周伟.高校思政课教育实验研究：大学生喜欢什么样的思政课[M].北京：高等教育出版社，2016.

白显良.论高校思想政治理论课教学亲和力的逻辑生成[J].思想理论教育导刊，2017（4）：93-98.

柴艳萍.高校思政课教学方式方法改革再思考[J].思想理论教育导刊，2017（9）：115-119.

陈斌.高校课程思政的生成逻辑与推进策略[J].中国高等教育，2020（Z2）：13-15.

陈秉公.试论思想政治理论课教材体系向教学体系转化的规律性[J].思想理论教育导刊，2008（9）：42-47.

陈丽明.对高校思想政治理论课实践教学的思考[J].思想理论教育导刊，2010（2）：70-72.

冯刚，陈梦霖.高校思政课实践教学的内涵、价值及其实现[J].学校党建与思想教育，2021（18）：4-9.

冯刚.思想政治理论课与日常思想政治教育协同育人的理论思考[J].学校党建与思想教育，2017（21）：18-23.

冯刚.增强高校思想政治教育持续发展的内生动力[J].中国高等教育，2017（Z2）：25-29.

冯秀军.善用"大思政课"的三个维度[J].思想理论教育导刊，2021（8）：103-109.

高德毅，宗爱东.课程思政：有效发挥课堂育人主渠道作用的必然选择[J].思想理论教育导刊，2017（1）：31-34.

高鹏怀,马素林.发展性评价:提升思想政治理论课教学质量的重要绩效工具[J].思想理论教育导刊,2008(1):75-79.

高奇,周向军,韩文彬.高校思想政治理论课信息化教学需把握好的若干重要关系[J].思想理论教育导刊,2018(2):112-116.

高燕.课程思政建设的关键问题与解决路径[J].中国高等教育,2017(Z3):11-14.

高永强.论提升思想政治理论课亲和力及应注意的问题[J].思想理论教育导刊,2017(6):82-85.

顾海良.改革开放以来高校思想政治理论课程建设论略[J].思想理论教育导刊,2008(9):16-25.

顾海良.高校思想政治理论课"要坚持在改进中加强"[J].思想理论教育导刊,2017(1):4-8.

顾以传,刘银华.论新时代高校思政课实践教学模式创新[J].学校党建与思想教育,2020(24):57-58.

胡绪明.高校思政课教师与辅导员协同育人的功能定位及实施对策[J].学术论坛,2018(4):174-180.

客洪刚.高校辅导员队伍与思政课教师队伍交流机制研究[J].教育科学,2011(6):70-73.

蓝波涛,覃杨杨.构建大思政课协同育人格局:价值、问题与对策[J].教学与研究,2022(2):92-100.

李东坡,王学俭.新时代大中小学思政课一体化建设的内涵、挑战与对策[J].新疆师范大学学报(哲学社会科学版),2021(3):60-69.

李资源.高校思想政治理论课教学评价指标体系研究的现状与思考[J].思想理论教育导刊,2007(2):62-67.

凌小萍,张荣军,严艳芬.高校思政课线上线下混合教学模式研究[J].学校党建与思想教育,2020(10):46-49.

刘建军.论高校思想政治理论课教育教学的"八个统一"[J].教学与研究,2019(7):13-19.

刘同舫.思想政治理论课教学亟须解决的五个问题[J].思想理论教育导刊,2019(7):88-93.

龙斌.新媒体时代高校思政课教师如何有效传播正能量[J].红旗文稿,2015(17):19-22,1.

卢黎歌.试论高校思想政治理论课教材体系向教学体系的转化[J].教学与研究,2009(11):89-92.

罗红杰.提升思想政治理论课亲和力的再思考:基于马克思主义"灌输理论"的审思[J].理论月刊,2019(8):32-37.

骆郁廷,秦玉娟.新中国70年高校思想政治理论课建设的回顾与展望[J].思想理论教育导刊,2019(11):67-75.

潘学良.关于"四个自信"教育贯穿高校思想政治理论课教学全过程的思考[J].思想理论教育导刊,2016(10):104-107.

蒲清平,何丽玲.思想政治理论课要坚持主导性和主体性相统一[J].思想教育研究,2019(11):100-104.

佘双好,王珺颖.新时代思想政治理论课建设的新举措与新变化[J].思想理论教育,2020(5):12-17.

沈震.疫情防控下高校思想政治理论课线上教学策略[J].思想理论教育导刊,2020(3):15-19.

沈壮海,董祥宾.论新时代思想政治理论课的改革创新[J].思想理论教育,2019(5):10-15.

盛湘鄂.高校思想政治理论课教学实效性及其评价[J].思想理论教育导刊,2009(1):75-78.

石书臣.正确把握"课程思政"与思政课程的关系[J].思想理论教育,2018(11):57-61.

王双群.新媒体环境下思想政治理论课教学方法创新的思考[J].思想理论教育导刊,2015(11):111-115.

王学俭,李东坡,李晓莉.新时代高校思政课教学协同创新的内涵、重点与对策[J].兰州大学学报(社会科学版),2022(1):87-97.

王学俭,石岩.新时代课程思政的内涵、特点、难点及应对策略[J].新疆师范大学学报(哲学社会科学版),2020(2):50-58.

王延光.高校思政课要善用红色文化资源[J].红旗文稿,2020(20):42-44.

吴爱萍.推进习近平新时代中国特色社会主义思想"三进"的思考:以"概论"课为例[J].学校党建与思想教育,2018(3):62-64.

肖贵清.新时代学校思想政治理论课建设的基本思路[J].吉首大学学报(社会科学版),2020(2):34-41.

肖香龙.思政课与其他课程须建立协同育人机制[J].中国高等教育,2017

（23）：14-15.

徐蓉，周璇.善用"大思政课"推进教学改革创新[J].思想理论教育，2021（10）：60-65.

许瑞芳，张宜萱.沉浸式"大思政课"的价值意蕴及建构理路[J].思想理论教育导刊，2021（11）：83-88.

叶方兴.观念·原则·活动：正确理解课程思政的三重维度[J].思想理论教育导刊，2020（10）：138-141.

于红.社会主义核心价值观融入高校思政课教学实践研究[J].思想理论教育导刊，2015（6）：70-72，105.

张根福，朱坚.亲和力和针对性：提升高校思想政治理论课质量与水平的重要途径[J].思想理论教育导刊，2017（3）：18-22.

张晓平，杨皓，李志会.高校思政课实践教学面临的困境及其疏解[J].学校党建与思想教育，2018（10）：32-34.

赵建超."思政课获得感"的哲学意蕴[J].思想政治教育研究，2018（1）：93-97.

赵浚.大数据创新高校思想政治教育方法的探析与应用[J].贵州社会科学，2016（3）：120-123.

赵增彦.高校思政课实践教学资源多元化整合与一体化运用[J].东北师大学报（哲学社会科学版），2013（2）：177-180.

陈新星.高校辅导员开展大学生心理健康教育研究[D].福州：福建师范大学，2016.

吕小亮.课程评价视角下的高校思政课教学改革研究[D].厦门：厦门大学，2019.

孙在丽.新时代我国普通高等学校思想政治理论课教师队伍建设研究[D].北京：中共中央党校，2019.

王爱莲.高校思想政治理论课内涵式发展研究[D].长春：东北师范大学，2020.

王晓宇."课程思政"的价值观教育研究[D].长春：吉林大学，2022.

叶丹.基于在线开放课程的高校思想政治理论课混合式教学模式研究[D].武汉：武汉大学，2019.

教育部办公厅印发通知实施高校思想政治理论课教师队伍建设专项工作[EB/OL].[2023-07-26].http://www.moe.gov.cn/jyb_xwfb/gzdt_gzdt/s5987/201804/t20180425_334161.html.

教育部关于加强新时代高校"形势与政策"课建设的若干意见[EB/OL].[2023-

07—26]. https: //www.gov.cn/xinwen/2018-04/27/content_5286310.htm.

教育部关于印发《新时代高校思想政治理论课教学工作基本要求》的通知[EB/OL].[2023-07-26].http: //m.moe.gov.cn/srcsite/A13/moe_772/201804/t20180424_334099.html.

教育部关于印发《普通高等学校思想政治理论课教师队伍培养规划（2019—2023年）》的通知[EB/OL].[2023-07-26].https: //www.gov.cn/xinwen/2019-04/29/content_5387361.htm?td-sourcetag=spcqqaimsg.

教育部关于进一步加强新时代中小学思政课建设的意见[EB/OL].[2023-07-26].http: //www.moe.gov.cn/srcsite/A06/s3325/202211/t20221110_983146.html.

新时代高等学校思想政治理论课教师队伍建设规定[EB/OL].[2023-07-26].http: //www.moe.gov.cn/srcsite/A02/s5911/moe_621/202002/t20200207_418877.html.

中共中央办公厅 国务院办公厅印发《关于深化新时代学校思想政治理论课改革创新的若干意见》[EB/OL].[2023-07-26].https: //www.gov.cn/gongbao/content/2019/content_5425326.htm.

中共中央宣传部 教育部关于印发《新时代学校思想政治理论课改革创新实施方案》的通知[EB/OL].[2023-07-26].https: //www.gov.cn/zhengce/zhengceku/2021-01/01/content_5576046.htm.

中共中央 国务院印发《关于加强和改进新形势下高校思想政治工作的意见》[EB/OL].[2023-07-26].https: //www.gov.cn/zhengce/2017-02/27/content_5182502.htm.

中共教育部党组关于印发《"新时代高校思想政治理论课创优行动"工作方案》的通知[EB/OL].[2023-07-26].https: //www.moe.gov.cn/srcsite/A13/moe_772/201909/t20190916_399349.html.

后 记

思想政治理论课的教学改革是一项系统性工程。十年来我们的改革之所以能够取得较好的成效，离不开党中央高度重视思想政治理论课教育教学的大环境，离不开中共福建省委宣传部、福建省教育工委领导的大力支持和关心，离不开厦门大学党政领导的关心和指导，也离不开厦门大学各部处的大力协助与支持。没有这些领导和部门的指导和支持，思想政治理论课教学改革是无法顺利而持续地推进的。在此致以由衷的谢意！

我还要感谢所在的马克思主义学院，厦门大学思想政治理论课实践教学改革中心，学院的教学改革中心以及各教研部正、副主任和骨干成员对思想政治理论课实践教学活动的设计规划、指导；感谢全体师生的全力支持；在实践教学推进过程中，尤其感谢带队老师的耐心指导和无私奉献；感谢所有参与思想政治理论课实践教学活动的莘莘学子，你们的辛勤劳动赢得了思想政治理论课"三位一体"教学改革的丰硕成果。

本书付梓之际，厦门大学出版社的编辑同志以及参与本书写作相关事宜的教师、博士研究生等都认真负责、积极投入，在此一并表示感谢。在此我还要由衷地感谢徐进功、白锡能、许和山、侯利标、张艳涛、张有奎、原宗丽、林密、杨晨、李小平、曾炜琴、傅丽芬、罗文、李欣、庄三红、罗礼太、董兴艳、冯霞、贺东航、朱冬亮、周雪香、蒋昭阳、苗瑞丹、佳宏伟、王圣宠、叶兴建等领导和同事对本书的倾力指导支持以及提出的宝贵建议。感谢在这十年中曾担任马克思主义学院本科教学秘书的熊欢、吴院琴和郑炳辉，他们在日常工作、资料提供、数据核实以及改革创新工程推进方面做了大量的工作。需要说明的是，本书有一部分内容是由我指导的博士完成的，邱丹文同学负责第一章和第五章第五节的撰写，杜辉同学负责第六章的撰写，我本人负责全书其他部分的写作、统稿与定稿。

　　作为国内探索思想政治理论课教法教改的一本著作，本书全面贯彻习近平新时代中国特色社会主义思想和党的二十大精神，以习近平总书记在学校思想政治理论课教师座谈会上的讲话为指导，并以习近平总书记致厦门大学建校100周年重要贺信精神领航，紧密围绕新时代高校"如何培养人"作出厦大思想政治理论课教师的思索与探讨，交出思想政治理论课育人的厦大答卷。长期以来，厦门大学党政领导班子高度重视思想政治理论课实践育人工作，与马克思主义学院教学工作特别相关的教务处、研究生院在机构建设、业务指导和经费保障等各方面给予大力支持。按照学校的部署和要求，马克思主义学院在原有的思想政治理论课实践教学的基础上，逐步探索出具有厦大特色的思想政治理论课"三位一体"教学改革路径，即实施"专题教学＋网络教学＋实践教学"的教学改革体系，在让学生掌握教学大纲要求的知识点基础上，深入理解相关问题，同时引导学生走出课堂，全面了解和认识社会，形成了一个较为完整的知识获得和转化过程，体现了全程育人和全方位育人的要求。"三位一体"教学改革有效地推进了教学、科研、社会服务改革创新工程，形成了教学、科研与社会服务的有机统一，时任厦门大学党委书记现任福建省委常委、宣传部部长张彦同志称这项思想政治理论课"三位一体"教学改革为厦大模式。本书对厦大思想政治理论课"三位一体"教学模式的做法、成效、经验、展望进行了系统梳理，目的在于将这十年来致力于思想政治理论课教学改革的所有师生付出的心血和汗水如实记录下来，总结经验，继续前行。希望本书对国内高校从事思想政治理论课改革的同行们有所启发与裨益。

诚然，作为思想政治理论课的一项教学改革尝试，我们的实践不可避免地存在一些缺陷，借此机会与各界同仁切磋交流，以鞭策我们不断改进。同时，本书在行文过程中难免有不足之处，希望读者不吝赐教。

石红梅
2023 年 9 月 29 日于大唐世家